Rose Marie Donhauser

Blitzrezepte für 1 Person

Zubereitungszeit
höchstens 20 Minuten

MIDENA

Die Deutsche Bibliothek – CIP-Einheitsaufnahme

Donhauser, Rose Marie:
Blitzrezepte für 1 Person : Zubereitungszeit höchstens
20 Minuten / Rose Marie Donhauser. – Augsburg:
Midena, 1999
ISBN 3-310-00507-0

Anmerkung der Redaktion
Dieses Buch wurde in der neuen Rechtschreibung verfasst.

Midena Verlag, Augsburg

Umschlaggestaltung: KA•BA factory, Augsburg
Umschlagbild: Fotostudio Kopp, Füssen
Layout: Stefanie Mayr, Donauwörth, nach einer Vorlage des Hampp Verlags, Stuttgart
Fotos: Fotostudio Kopp, Füssen
Freisteller: Stefanie Mayr, Donauwörth
Satz: Stefanie Mayr, Donauwörth
Reproduktion: Repro Mayr, Donauwörth
Druck und Bindung: Offizin Andersen Nexö, Leipzig –
ein Betrieb der INTERDRUCK Graphischer Großbetrieb GmbH

Printed in Germany

ISBN 3-310-00507-0

Gedruckt auf elementar chlorfrei gebleichtem Papier

Inhalt

Süße Überraschungen

Wo nicht anders vermerkt, sind die Rezepte für 1 Person berechnet.

Abkürzungen

EL = Esslöffel
TL = Teelöffel
Msp. = Messerspitze
g = Gramm
l = Liter
ml = Milliliter
Pck. = Päckchen
TK- = Tiefkühl…
geh. = gehackt
gem. = gemahlen
ger. = gerieben
getr. = getrocknet

Einleitung

Nach ihren Gewohnheiten gefragt, geben Singles oft an, für sich alleine ungern zu kochen. Arbeit und Zeitaufwand stünden nicht dafür, die Zeit sei für etwas anderes besser genützt.

Singles gehen öfter zum Essen und kaufen auch mehr fertige Mahlzeiten als Mehrpersonenhaushalte. Oder sie nehmen ihre Hauptmahlzeit in der Kantine ein, abends wird dann eben kalt gegessen. Doch fragt man noch ein bisschen weiter, wird immer wieder bestätigt, dass für das Kochen zu Hause einfach die schnellen, unkomplizierten Rezepte fehlen.

Genau die finden Sie in diesem Kochbuch: gesunde, schmackhafte, unkomplizierte und noch dazu schnelle Rezepte für jeden Tag.

Schnell und dabei gesund kochen – geht das?

Ja, das geht hervorragend. Mit ein bisschen Planung, regelmäßigem, aber nicht täglichem Einkauf und einer entsprechenden Vorratshaltung können Sie täglich schnell ein gesundes, frisches Essen ohne Aufwand auf den Tisch bringen. Auch müssen Sie kein Kochkünstler sein, um die in diesem Buch vorgestellten Rezepte nachzukochen. Extra-Tipps nennen Ihnen zusätzlich Alternativen, Varianten und Besorgungsempfehlungen, um Ihnen das Kochen zu erleichtern.

Vitamine braucht der Mensch

Lassen Sie Ihren Körper nicht mit Fertigprodukten »verlottern« – er hat Besseres verdient im Hinblick auf Ihre Gesundheit und Ihr Wohlbefinden.

Gefriergetrocknete Kartoffeln aus der Tüte, Suppen aus der Dose, komplette Menüs aus Kühl- und Trockenregalen sind nicht immer schneller zubereitet als eine frische, gesunde Mahlzeit aus Pfanne oder Topf. Zudem enthalten die »Fertigen« meist Zusatzstoffe – zur Haltbarmachung und zum Verstärken des Geschmacks. Beim aufmerksamen Lesen der Zutatenliste werden Sie staunen, was so alles in den praktischen Tüten und Schachteln steckt.

Doch natürlich gibt es auch Fertigprodukte, z.B. tiefgekühltes Gemüse, die, erntefrisch schockgefrostet, nachweislich mehr Vitamine enthalten als z.B. frischer Spinat, der durch den Weg vom Feld bis zum Verbraucher oft einen hohen Vitaminverlust zu verzeichnen hat.

Die gesunde Alternative

Nehmen Sie dieses Buch mit in die Arbeit oder suchen Sie sich schon am Vorabend entsprechende Gerichte aus, die Sie auf Ihrem Einkaufszettel vermerken. Sie können sich auch auf dem Markt, am Gemüsestand oder im Supermarkt von den Angeboten des Tages inspirieren lassen und passend zu Ihren Einkäufen ein Rezept aus diesem Kochbuch suchen.

Sie werden sehen: Bevor Sie 20 Minuten vor dem Mikrowellenherd oder dem Backofen stehen und dem Fertiggericht beim Garen zusehen, haben Sie ganz schnell selbst etwas Frisches gezaubert.

Das Credo unseres Buches heißt: keine Vor- und Zubereitungszeit, die mehr als 20 Minuten beansprucht.

Ein kulinarischer Wegweiser von A bis Z

Damit Sie nie hungrig vor leeren Schränken oder Töpfen stehen, sollten Sie sich ein Grundsortiment an bevorzugten Lebensmitteln im Küchenschrank, Kühlschrank und Gefrierschrank zulegen. Beachten Sie unsere nützlichen Tipps – einige wissenswerte »Kleinigkeiten« sind ganz sicher für Sie dabei.

A wie eingelegte **A**rtischocken im Glas sind für kulinarische Gelüste und spontane Einladungen zu empfehlen.

B wie **B**rot lässt sich gut portionsweise einfrieren.

C wie panierter **C**amembert oder ein doppeltes Filetsteak »**C**hateaubriand« liegen gut im Gefrierschank.

D wie **D**osen sind mitunter ganz nützlich. Beispielsweise eignen sich Tomatenstücke oder geschälte Tomaten aus der Dose hervorragend für eine schnelle Pasta.

E wie **E**ier sind einige Tage im Kühlschrank lagerfähig (siehe Vepackungsdatum). Auch **E**ssig, in mehreren Ausführungen, sollte zum Standard gehören.

F wie frisches **F**leisch, **F**isch oder **F**rischwurst sollten Sie portionsweise einkaufen und nicht länger als zwei Tage im Kühlschrank aufbewahren. Reste können Sie einige Monate lang einfrieren.

Früchte sollten Sie nur tageweise einkaufen. Bananen werden zu schnell schwarz, Erdbeeren vertrocknen oder werden je nach Feuchtigkeit matschig, Birnen und Kirschen faulen schnell. Also lieber öfter frische Ware holen – schon wegen der Vitamine.

G wie **G**emüse sollten Sie möglichst beim Gemüsehändler kaufen – Qualität und Frische dominieren hier. Nicht länger als zwei Tage zu Hause lagern – die Zeit macht das Gemüse nicht besser.

H wie **H**ackfleisch nur an dem Tag kaufen, an dem Sie es auch verarbeiten. Tiefgefrorenes Hackfleisch aufzutauen ist nicht ganz ungefährlich, weil das gehackte Fleisch zu bakterienanfällig ist. Lieber gleich haltbarere Frikadellen braten oder eine Hackfleischsauce kochen und diese portionsweise einfrieren.

J wie **J**us (Bratensauce) sollten Sie gleich in größeren Mengen zubereiten und die nicht benötigte Sauce portionsweise einfrieren. Zum Beispiel in einer Eiswürfelform, so können Sie später einzelne Stückchen herausnehmen und verwenden.

K wie **K**artoffeln nicht kiloweise kaufen, denn die Gelüste spielen bei solchen Unmengen oft nicht mit. Was bleibt, sind austreibende Kartoffeln. Gekochte Kartoffeln nicht einfrieren – sie schmecken dann wässrig und matschig.
Kräuter entweder auf der Fensterbank ziehen oder zuviel gekaufte frische Kräuter klein hacken und portionsweise einfrieren.

L wie **L**ust und **L**iebe beim Kochen sind die Grundvoraussetzungen für ein schmackhaftes Gericht. Wenn beides fehlt, lieber zum Essen gehen. Das ist allemal besser, als eine Fertigmahlzeit in den Mikrowellenherd zu schieben.

M wie **M**eerrettich im Glas wird selten gebraucht und steht dennoch meist in großen Gläsern im Kühlschrank. Hier gilt: Lieber die kleinste, wenn auch teurere Abfüllung kaufen – das große Glas wird sowieso irgendwann halbvoll weggeworfen.

N wie **N**udeln in allen Variationen, Formen und Farben sind wohl die treuesten Bewohner Ihres Küchenschrankes – es ist immer wieder beruhigend, schnelle Sattmacher parat zu haben.

O wie **O**rganisation muss immer sein. Stellen Sie sich folgende Situation vor: Sie haben am Sonntag zum Paellaessen geladen, aber vergessen, die Hauptwürzzutat Safran einzukaufen. Ein guter Organisator sucht sich die Adresse der Notdienstapotheke heraus und kauft seinen Safran dort. (In Apotheken werden Gewürze grammweise verkauft.)

P wie **P**aprika, **P**fifferlinge, **P**firsiche – das sind alles Frischwaren, die nur saisonal gekauft werden sollten, um eine vitamingerechte Ernährung zu gewährleisten. Wussten Sie übrigens, dass Paprikaschoten mehr Vitamin C als Orangen oder Zitronen enthalten? Beim **P**reisvergleich stellt man schnell fest, dass kleine Packungen in der Relation immer teurer sind als große. Doch nur auf den ersten Blick, denn haben Sie sich nicht auch schon dabei ertappt, dass Sie eine »normale« Packung Streichkäse wegen des Preisunterschiedes kauften – und letztendlich doch draufzahlten, weil der Käse zuviel war und im angebrochenen Zustand kaputt gegangen ist? In solchen Fällen lieber die teure Singlepackung statt der Familienpackung zum Wegwerfen kaufen.

Q wie **q**uellen muss Trockenware wie Erbsen, Linsen oder Körner.
Diese Produkte können lange gelagert werden. Allerdings müssen sie vor der Zubereitung für 6–8 Stunden in Wasser zum Quellen gelegt werden.

R wie **R**eis kann gut verschlossen extrem lange gelagert werden – sogar angebrochene Reistüten oder -schachteln. Letztere am besten in gut schließende Gläser oder Dosen umfüllen. Ein Tipp: In asiatischen Geschäften erhalten Sie Reis in kleinsten Mengen.

S wie **S**alat ist meist extrem empfindlich bei einer Lagerung zu Hause von mehr als einem Tag. Saft- und kraftlose Salatblätter mag niemand essen. Kopfsalat und Lollo Rosso daher nicht mehr als einen Tag liegen lassen, Eisbergsalat dagegen hält sich durch die feste Blattstruktur einige Tage im Gemüsefach.

T wie **T**iefkühlware sollten Sie achtsam behandeln: Die Tiefkühlkette vom Supermarkt nach Hause nicht zu lange unterbrechen. Dann die Waren sofort bei -18 °C in den eigenen Gefrierschrank legen. Tiefkühlprodukte halten sich tiefgefroren 6–12 Monate. Gut wäre, sich zwei Termine pro Jahr zum Reinigen des Gefrierschrankes zu setzen. So erleben Sie durch das zweimalige Entleeren des Gefrierschrankes keine bösen Überraschungen.

Ü wie **Ü**berraschungen kann man sich sparen. Mindestens einmal pro Jahr die Vorräte im Küchenschrank auf ihr Verfallsdatum hin überprüfen. Geöffnete Packungen von Puddingpulver über Vanillezucker bis hin zu Müslimischungen kontrollieren und Vorratsgefäße reinigen.

V wie **V**itamine sind lebensnotwendige Stoffe, die unser Körper zu seiner Funktion benötigt. Sie stärken z.B. das Immun- und Abwehrsystem, kurz, ohne Vitamine läuft gar nichts. Industriell hergestellte Vitamine in Form von Pillen, Drinks und als Zusätze in Lebensmitteln können die aus gesunder, frischer Nahrung nicht ersetzen. In diesem Buch sind genügend Rezepte, die Ihre Vitaminversorgung sicherstellen.

W wie **W**ok, in allen Designs und Größen, ist der ideale »Pfannentopf« für schnelle, vitaminschonende Gerichte. Alle Pfannengerichte in diesem Buch sind für den Wok bestens geeignet.

Z wie **Z**wiebeln sollten Sie besser nicht abgepackt kaufen, sondern einzeln aussuchen. Die »Zwiebeltriebe« sind meist schneller als der Verbrauch.

Saisonkalender

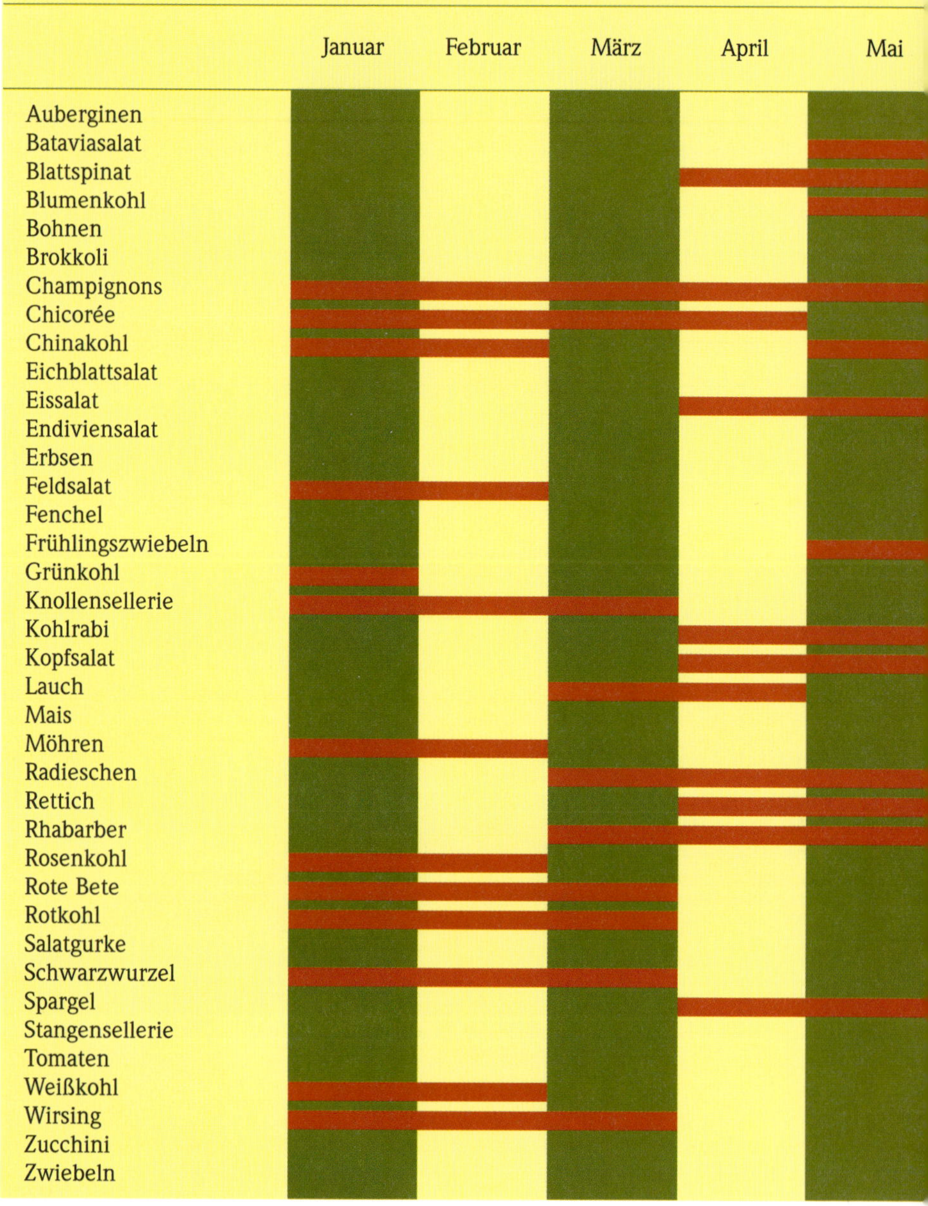

für Gemüse

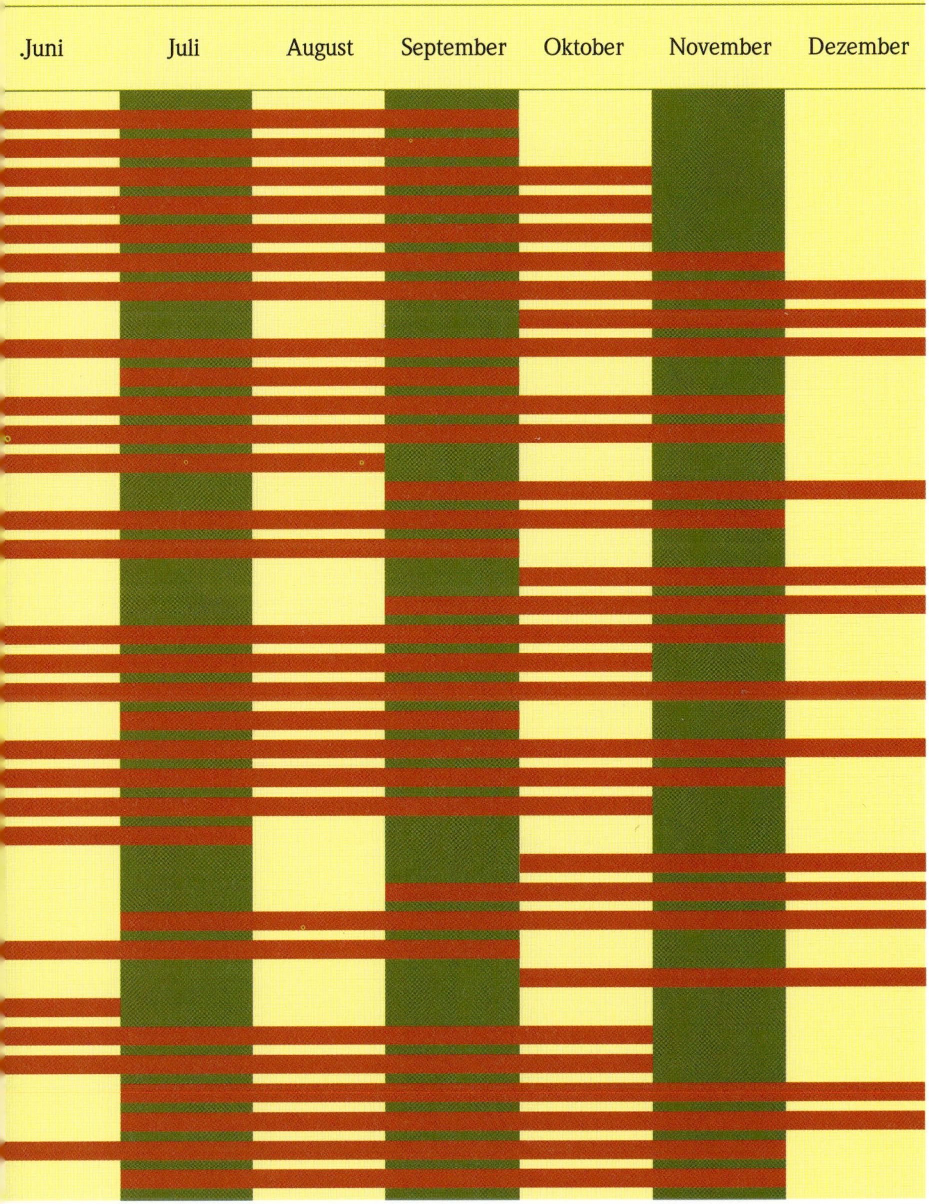

Saisonkalender

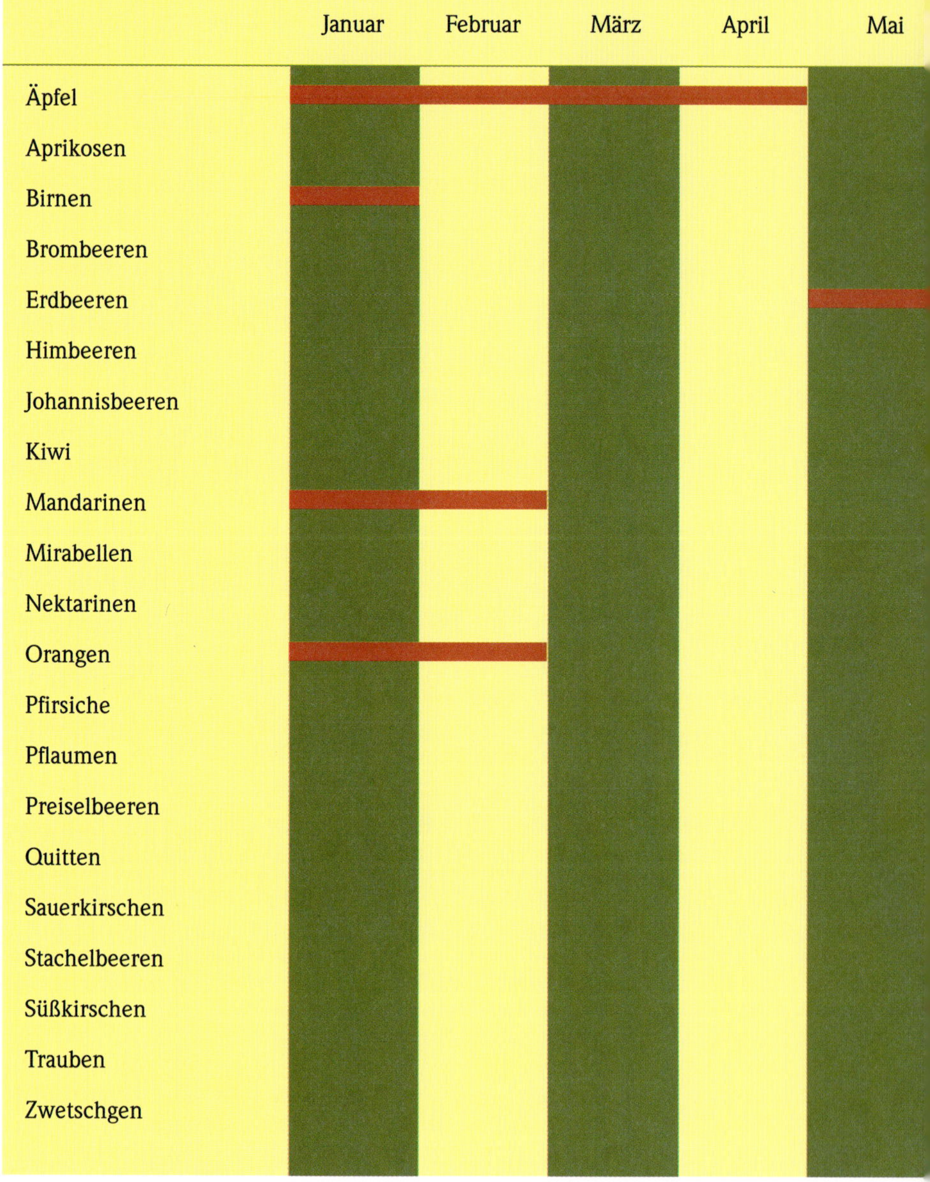

für Obst

Schnelle Suppen und Snacks

Etwas Warmes braucht der Mensch! Köstliche Suppen mit frischem Gemüse, Fleisch, Käse oder Fisch und einige Snacks werden in diesem Kapitel vorgestellt. Die Suppenportionen sind ausnahmsweise jeweils für zwei Portionen berechnet, denn eine Suppe schmeckt auch aufgewärmt wunderbar und die Arbeitszeit ist besser ausgenutzt. Doch vielleicht macht Ihnen das Löffeln so viel Spaß, dass am nächsten Tag gar nichts mehr übrig ist?

Wunderbare Kombination

Putenfleischsuppe mit Blumenkohl

Für 2 Personen

- 150 g Blumenkohl
- 100 g Putenschnitzel
- 1 Schalotte
- 20 g Butter
- 400 ml Geflügelbrühe
- Salz
- schwarzer Pfeffer
- 1 Msp. gem. Muskatnuss
- 1 TL TK-Suppenkräuter
- 1 Eigelb
- 100 g Sahne

Arbeitszeit: 10 Min.
Garzeit: 20 Min.

1 Den Blumenkohl in Röschen teilen und waschen. Das Putenschnitzel in hauchdünne Streifen schneiden. Die Schalotte schälen und fein würfeln.

2 In einem Topf die Butter heiß schäumend erhitzen und darin die Schalottenwürfel andünsten. Mit der Geflügelbrühe aufgießen und aufkochen.

3 Die Blumenkohlröschen und die Putenstreifen einlegen und bei milder Hitze 10–15 Minuten ziehen lassen. Mit Salz, Pfeffer und Muskatnuss würzen und die Suppenkräuter einrühren.

4 Das Eigelb mit der Sahne verquirlen. Den Topf vom Herd ziehen und diese Mischung einrühren. Nicht mehr kochen lassen. Nochmals abschmecken und servieren.

Tipps

Als Suppeneinlage können Sie auch eine bunte Gemüsemischung (Möhren, Erbsen, Blumenkohl und Brokkoli) aus dem Tiefkühlfach verwenden. Die Geflügelbrühe lässt sich entweder aus Instantpulver herstellen oder kommt fix und fertig aus dem Glas. Die Gläser haben meist einen Inhalt von 500 ml. Verwenden Sie dann die gesamte Menge.

Beilagentipp

Geröstete Brotwürfel als Suppeneinlage und ein Glas Weißwein.

Bild Seite 16

Champignonsuppe mit Schinkenstreifen

1 Die Champignons putzen und feinblättrig schneiden. Den Schinken in sehr feine Streifen schneiden.

2 Die Knoblauchzehe und die Zwiebel schälen und fein würfeln. Die Petersilie waschen, trockenschwenken, von den Stielen zupfen und fein hacken.

3 In einem Topf die Butter heiß schäumend erhitzen. Die Zwiebel- und Knoblauchwürfel darin glasig andünsten. Schinkenstreifen und Champignons einstreuen und so lange dünsten, bis der Pilzsaft aufgesogen ist.

4 Den Topfinhalt unter fortwährendem Rühren mit Mehl bestäuben und nach 1 Minute mit Brühe aufgießen. Die Suppe etwa 10 Minuten köcheln lassen, dabei immer wieder umrühren.

5 Die Suppe mit Salz, Pfeffer und Zitronensaft würzen. Kurz vor dem Servieren mit Crème fraîche und Petersilie verfeinern.

Tipp

Eine Suppe wird meist mit einer Mehlschwitze aus Butter und Mehl gebunden. Sie können aber auch Crème fraîche, Crème double oder eine Mischung aus Sahne und Eigelb zum Binden verwenden.

Beilagentipp

Walnussbrot zum Tunken und ein Gläschen Weißwein aus der Toskana.

Für 2 Personen

- 200 g Champignons
- 50 g gekochter Schinken
- 1 Knoblauchzehe
- 1 kleine Zwiebel
- ½ Bund glatte Petersilie
- 2 EL Butter
- 1 TL Mehl
- ½ l Gemüsebrühe (Instant)
- Salz
- schwarzer Pfeffer
- etwas Zitronensaft
- 50 g Crème fraîche

Arbeitszeit: 15 Min.
Garzeit: 20 Min.

Für Käse-Fans

Käsesuppe mit Croûtons

Für 2 Personen
1 kleine Zwiebel
2 Scheiben Weißbrot
3 EL Butter
1 EL Mehl
½ l Fleischbrühe (Instant)
1 Stück Sahneschmelzkäse (1 Ecke, ca. 62,5 g)
50 g frisch ger. Greyerzer
100 g Sahne
Salz
schwarzer Pfeffer
1 Msp. frisch gem. Muskatnuss

Arbeitszeit: 15 Min.
Garzeit: 15 Min.

1 Die Zwiebel schälen und fein würfeln. Die Brotscheiben entrinden und in etwa ½ cm große Würfel schneiden.

2 In einem Topf 2 EL Butter heiß schäumend erhitzen. Unter ständigem Rühren die Zwiebelwürfel glasig andünsten. Mit Mehl bestäuben und nach 1 Minute mit Brühe aufgießen.

3 Die Suppe unter öfterem Umrühren 5–10 Minuten gut durchkochen. In der Zwischenzeit die restliche Butter in einer Pfanne heiß schäumend erhitzen und darin die Brotwürfel von allen Seiten knusprig und goldbraun braten.

4 Die Suppe nicht mehr kochen lassen und den Schmelzkäse, den Greyerzer und die Sahne einrühren. Mit Salz, Pfeffer und Muskatnuss abschmecken. Mit den Croûtons bestreut servieren.

Tipp

Bei der Wahl des Käses sind Ihre Individualität und Ihr Geschmack gefragt, denn in diese Suppe lässt sich jeder Käse rühren. Der Schmelzkäse in unserem Rezept bindet gut, der Greyerzer verleiht der Suppe ein angenehm kräftiges Aroma.

Beilagentipp

Belegte Schinkenbrote und ein Glas Weißwein.

Tomatenkraftbrühe mit Nudeln

Für 2 Personen

- ½ l Fleischbrühe (Instant)
- 2 EL Tomatensaft
- 50 g Suppennudeln (z. B. Sternchen)
- 2 Tomaten
- 1 Bund Schnittlauch
- Salz
- schwarzer Pfeffer

Außerdem

- 50 g saure Sahne

Arbeitszeit: 15 Min.
Garzeit: 20 Min.

1 Die Fleischbrühe mit dem Tomatensaft verrühren und aufkochen lassen. Die Nudeln einstreuen und etwa 5 Minuten leise köcheln lassen.

2 In der Zwischenzeit die Tomaten blanchieren, häuten, vierteln, dabei den Stielansatz entfernen, entkernen und in Streifen schneiden. Den Schnittlauch säubern und in Röllchen schneiden.

3 Die Suppe mit Salz und Pfeffer abschmecken und die Tomatenstreifen einlegen. Die Sahne mit dem Schnittlauch verrühren und zum Servieren auf die Suppe geben.

Tipp

Irgendwann am Wochenende, wenn Sie Zeit und Lust haben, sollten Sie 500 g mageres Rindfleisch in 2 l Salzwasser mit einem klein geschnittenen Suppenbund etwa 1 ½ Stunden leise köcheln lassen. Die Suppe durch ein Sieb passieren und portionsweise einfrieren. Das Fleisch können Sie am selben Tag als Suppeneinlage essen und den Rest einfrieren. Oder Sie bereiten aus einem Teil bis zu 2 Tage später einen pikanten Rindfleischsalat mit Zwiebeln und Gurken zu.

Variante

Als Suppeneinlage passen auch Backerbsen, Reis oder Gemüse.

Kräutercremesuppe mit Käseplätzchen

1 Die Kräuter waschen, trockenschwenken, von den Stielen zupfen und sehr fein wiegen. Die Zwiebel und die Knoblauchzehe schälen und fein würfeln.

2 In einem Topf 2 EL Butter heiß schäumend erhitzen und darin die Zwiebel- und Knoblauchwürfel glasig andünsten. Unter fortwährendem Rühren das Mehl einsieben und eine helle Mehlschwitze zubereiten.

3 Die Mehlschwitze mit Brühe aufgießen, aufkochen lassen und weitere 5 Minuten leise köcheln lassen. In der Zwischenzeit die restliche Butter mit dem Eigelb und dem Käse verrühren.

4 Mit einem Plätzchenausstecher aus den beiden Brotscheiben acht Sterne oder Monde ausstechen. Mit der Käsemischung bestreichen, auf ein Backblech setzen und im Ofen goldgelb überbacken.

5 Die Suppe mit Crème fraîche verfeinern und mit Salz und Pfeffer würzen. Den Topf vom Herd ziehen und die Kräuter einrühren. Die Suppe mit den Käseplätzchen als Einlage servieren.

Tipp

Es gibt verschiedene TK-Kräutermischungen, die Sie immer zu Hause haben sollten. Doch ein kurzer Bummel nach der Arbeit über den Markt bringt natürlich mehr Frühling in die Suppe, wenn Sie von dort frische Kräuter mitnehmen.

Beilagentipp

Als Vorspeise einen gemischten Salat und als Getränk ein Glas trockener Weißwein.

Für 2 Personen

- ½ Bund frische Kräuter (z. B. Dill, Petersilie, Kerbel, Liebstöckel, Kresse, Basilikum)
- 1 kleine Zwiebel
- 1 Knoblauchzehe
- 3 EL Butter
- 1 EL Mehl
- ½ l Gemüsebrühe (Instant)
- 1 Eigelb
- 50 g frisch ger. Käse
- 2 Scheiben Toastbrot
- 50 g Crème fraîche mit Kräutern
- Salz
- schwarzer Pfeffer

Arbeitszeit: 20 Min.
Garzeit: 20 Min.

Klassiker

Kartoffelsuppe mit Würstchen

Für 2 Personen

½ Bund Suppengrün, bestehend aus Lauch, Sellerie, Möhre und Petersilienwurzel

1 kleine Zwiebel

50 g geräucherter Speck

300 g Kartoffeln

1 EL Butter

½ l Fleischbrühe

100 g Sahne

Salz

schwarzer Pfeffer

1 Msp. getr. Majoran

Außerdem

2–4 Würstchen als Einlage

Arbeitszeit: 20 Min.
Garzeit: 20 Min.

An so manch kalten Tagen oder Arbeitstagen, die nicht so gut gelaufen sind, ist eine Kartoffelsuppe zu kochen die beste Art, wieder fröhlich zu werden.

1 Das Suppengrün waschen, teils schälen und in kleinste Würfel schneiden. Die Zwiebel schälen und zusammen mit dem Speck fein würfeln.

2 Die Butter in einem Topf heiß schäumend erhitzen. Gemüsewürfel und Speck andünsten.

3 Die Kartoffeln hinzufügen und mit Brühe aufgießen. Bei kleiner Hitze 15–20 Minuten leise köcheln lassen. Die Würstchen separat in Wasser erhitzen.

4 Sobald die Kartoffeln leicht zerfallen, diese mit einem Mixstab zermusen. Die Sahne einrühren und die Suppe mit Salz, Pfeffer und Majoran abschmecken. Die Würstchen in ½ cm dicke Stücke schneiden und in die Suppe geben.

Beilagentipp

Bauernbrot mit Butter und als Getränk Bier oder Radler aus halb Limonade, halb Bier.

Raffiniert

Spinatcremesuppe mit pochiertem Ei

Für 2 Personen

- 200 g TK-Blattspinat (siehe Tipp)
- 1 Schalotte oder kleine Zwiebel
- 1 Knoblauchzehe
- 1 EL Butter
- ½ l Geflügel- oder Gemüsebrühe (aus dem Glas)
- Salz
- 1 TL weißer Essig
- 2 Eier
- schwarzer Pfeffer
- 1 Msp. gem. Muskatnuss
- 50 g Crème double

Arbeitszeit: 15 Min.
Garzeit: 15 Min.

1 Den Blattspinat auftauen lassen, fest ausdrücken und sehr fein hacken. Die Schalotte und die Knoblauchzehe schälen und fein würfeln.

2 In einem Topf die Butter heiß schäumend erhitzen und darin die Schalotten- und Knoblauchwürfel andünsten. Mit der Brühe aufgießen und 5 Minuten köcheln lassen.

3 In der Zwischenzeit Salzwasser mit Essig aufkochen. Je ein Ei in eine Schöpfkelle aufschlagen und in das kochende Wasser gleiten lassen. Sobald sich das Eiweiß um das Eigelb geschlossen hat, die Eier mit einem Schaumlöffel herausnehmen und in tiefe Teller legen.

4 Den Spinat in die Suppe rühren und bei kleiner Hitze einige Minuten ziehen lassen. Mit Salz, Pfeffer und Muskatnuss abschmecken und die Crème double einrühren. Die fertige Suppe über die Eier gießen.

Tipp

Frischen Spinat zu bekommen ist nicht immer einfach – und wenn, dann ist er in vielen Fällen schon etwas ausgelaugt. Daher mein Rat: Wirklich auf frische, gute, knackige Qualität achten, andernfalls wäre Tiefkühlware gesünder, da sie mehr Vitamine enthält.

Tomatencremesuppe mit Crevetten

1 Die Tomaten waschen und in kleine Stücke schneiden, dabei den Stielansatz entfernen. Die Zwiebel und die Knoblauchzehen schälen und fein würfeln. Den Schinken sehr fein würfeln.

2 In einem Topf die Butter heiß schäumend erhitzen und darin die Zwiebel-, Knoblauch- und Schinkenwürfel andünsten.

3 Die Tomatenstücke mit Saft hinzufügen und etwa 5 Minuten einkochen lassen. Mit dem Gin ablöschen und mit der Brühe aufgießen. Nach dem Aufkochen weitere 5 Minuten köcheln lassen.

4 Die Suppe durch ein Sieb streichen, erneut erhitzen und mit Thymian, Salz und Pfeffer abschmecken. Die Crevetten in vorgewärmte Teller streuen, mit der Suppe begießen und die Schlagsahne obenauf geben.

Varianten

Die klassische Tomatensuppe kennt hunderterlei Varianten. Egal ob italienisch, spanisch oder deutsch gekocht wird – schmecken tut sie immer. Also keine Scheu mit Gewürzen, Kräutern, Einlagen und Würzmitteln – die Tomate verträgt´s schon.

Beilagentipp

Knuspriges Kräuterbaguette aus dem Ofen.

Für 2 Personen

- 500 g Tomaten
- 1 kleine Zwiebel
- 1 Knoblauchzehe
- 1 Scheibe gekochter Schinken
- 1 EL Butter
- 2 cl Gin
- 300 ml Fleisch- oder Gemüsebrühe (Instant)
- ¼ TL getr. Thymian
- Salz
- schwarzer Pfeffer
- 1 Msp. Zucker

Außerdem

- 100 g geschälte Crevetten (Garnelen)
- 100 g geschlagene Sahne

Arbeitszeit: 10 Min.
Garzeit: 15 Min.

Möhrensuppe mit Curry

Für 2 Personen
1 kleine Zwiebel
300 g Möhren
200 g Kartoffeln
1 EL Butter
1 Prise Zucker
1 Msp. gem. Curry
1 Msp. gem. Kurkuma
½ l Gemüsebrühe
Salz
schwarzer Pfeffer

Arbeitszeit: 20 Min.
Garzeit: 20 Min.

1 Die Zwiebel schälen und fein würfeln. Die Möhren schälen, längs halbieren und quer in dünne Stücke schneiden. Die Kartoffeln schälen und passend zu den Möhren schneiden.

2 Die Butter in einem Topf heiß schäumend erhitzen. Die Zwiebelwürfel darin glasig andünsten, dann die Möhren- und Kartoffelstücke einrühren.

3 Mit Zucker, Curry und Kurkuma würzen. Mit der Gemüsebrühe aufgießen und aufkochen lassen.

4 Die Hitze reduzieren und das Gemüse in etwa 15 Minuten fertig garen. Mit Salz und Pfeffer abschmecken.

Variante

Sollten Sie eine cremige Suppe bevorzugen, pürieren Sie einfach die gegarten Gemüsestücke mit einem Stabmixer. Zusätzlich rühren Sie Sahne oder Crème fraîche ein.

Beilagentipp

Frisches Kürbiskernbrot.

Wunderbare Kombination

Überbackener Birnentoast

1 Scheibe Müsli- oder Roggentoast
Butter zum Bestreichen
1 EL Preiselbeeren
1 Scheibe gekochter Schinken
1 Birnenhälfte (aus dem Glas)
ca. 100 g Gorgonzola (oder Blauschimmelkäse Ihrer Wahl)

Arbeitszeit: 5 Min.
Garzeit: 10 Min.

1 Den Backofen auf Grillstufe vorheizen und die Toastscheibe kurz anwärmen. Dann mit Butter und Preiselbeeren bestreichen.

2 Den Schinken auf den Toast legen. Die Birnenhälfte in dünne Scheiben schneiden und fächerförmig darauf anrichten.

3 Den Käse in dünne Scheiben schneiden und über den Birnen verteilen. Den Toast auf ein Backblech legen und im Ofen etwa 8 Minuten überbacken.

Tipp

Sandwiches und Toasts werden mittlerweile als vollständiges Gericht und nicht nur als Pausensnack betrachtet. Das hat mit dem reichhaltigen Angebot und den vielfältigen Füllungen zu tun – denn es gibt nichts, was sich nicht zwischen zwei Brotscheiben oder auf einer unterbringen ließe.

Beilagentipp

Ein gemischter Salat und ein Glas Rotwein.

Tatar mit Sahnekartoffeln

1 Den Backofen auf 220 °C (Gas Stufe 4–5; Umluft 200 °C) vorheizen. Eine Auflaufform mit Butter ausfetten. Die Kartoffeln schälen und in sehr dünne Scheiben schneiden.

2 Die Kartoffelscheiben dachziegelartig in die Auflaufform schichten und mit Salz und Pfeffer würzen. Mit der Sahne begießen. Die Kartoffeln im vorgeheizten Backofen (Mitte) in etwa 20 Minuten fertig garen.

3 Die Zwiebel schälen und fein würfeln. Das Rindfleischhack mit den Zwiebelwürfeln, der Mayonnaise und dem Tomatenketchup verrühren. Mit Salz und Pfeffer würzen.

4 Das Weißbrot im noch warmen Backofen kurz erwärmen und darauf das Tatar anrichten. Mit Mixed Pickles garnieren und mit den Kartoffeln servieren.

Tipp

In Belgien wird frisch gehacktes Rindfleisch (Tatar) mit Mayonnaise angemacht und heißt »Filet americain«. Dazu reicht man Pommes frites.

- 1 EL Butter
- 300 g Kartoffeln
- Salz
- schwarzer Pfeffer
- 100 g Sahne
- 1 kleine Zwiebel
- 150 g Tatar (Rindfleischhack)
- 1 EL Mayonnaise
- 1 TL Tomatenketchup
- 1 Scheibe Weißbrot

Außerdem

- Mixed Pickles

Arbeitszeit: 15 Min.
Garzeit: 20 Min.

Gebratenes mit Fleisch und Geflügel

Fleisch und Geflügel eignet sich hervorragend zum Kombinieren: mit Käse, Gemüse, Früchten oder auch überbacken – der Fantasie sind da kaum Grenzen gesetzt. Zudem sind die leckeren Pfannengerichte ohne Hektik und im Nu auf dem Tisch.

Einfach und raffiniert

Hackfleischpfanne mit Spinat

1 Schalotte
1 Knoblauchzehe
2 Tomaten
3 EL Olivenöl
150 g Rinderhackfleisch
Salz
schwarzer Pfeffer
50 ml trockener Rotwein
250 g TK-Blattspinat
¼ TL gem. Curry
100 g Vollmilchjogurt

Arbeitszeit: 15 Min.
Garzeit: 15 Min.

1 Die Schalotte und die Knoblauchzehe schälen und fein würfeln. Die Tomaten blanchieren, häuten und in zentimetergroße Stücke schneiden, dabei den Stielansatz entfernen.

2 Das Olivenöl in einer Pfanne erhitzen und darin die Schalotten- und Knoblauchwürfel andünsten. Das Hackfleisch hinzufügen und unter Rühren krümelig braten. Mit Salz und Pfeffer würzen.

3 Die Tomatenstücke unter das Hackfleisch rühren und mit dem Rotwein angießen. Nach etwa 5 Minuten den aufgetauten und gut abgetropften Blattspinat locker untermengen und nur noch erhitzen.

Bild Seite 32

4 Den Pfanneninhalt nochmals mit Salz und Pfeffer abschmecken und auf einen vorgewärmten, tiefen Teller geben. Den Curry mit dem Jogurt verrühren und darüber löffeln.

Tipp

Wenn Sie Zeit haben, können Sie frischen Spinat verwenden. Dazu 400 g in kochendem Salzwasser 1 Minute aufwallen lassen. Mit kaltem Wasser abschrecken und gründlich abtropfen lassen. Wenn es dagegen sehr schnell gehen soll, nehmen Sie statt der frischen Tomaten Tomatenstücke aus dem Tetra-Pack.

Beilagentipp

Ofenfrisches Knoblauchbaguette und ein Gläschen Rotwein.

Hacksteaks mit Schafskäse

1 Den Schafskäse fein zerkleinern. Die Petersilie waschen, trockenschwenken, von den Stielen zupfen und fein hacken.

2 Die Zwiebel schälen und fein würfeln. Zusammen mit dem Hackfleisch, 1 EL Olivenöl und der Petersilie verkneten. Mit Salz, Pfeffer und Kreuzkümmel würzen.

3 Den Fleischteig in zwei Portionen teilen. Je einen Kloß formen, mit dem Handballen eine Vertiefung drücken, die Hälfte des Schafskäses hineinlegen und mit dem Fleischteig rundherum verschließen. Zu flachen Hacksteaks formen.

4 Das Olivenöl in einer Pfanne erhitzen und die Hacksteaks darin in etwa 10 Minuten goldbraun und knusprig braten.

Tipps

Bereiten Sie die doppelte Menge zu und nehmen Sie die Hacksteaks am nächsten Tag in die Arbeit mit.
Die Hacksteaks können Sie nach Belieben mit einem eingeweichten Brötchen und einem Ei herstellen – dadurch werden sie etwas weicher.

Beilagentipp

Fladenbrot, Tsatsiki und Oliven.

- 100 g Schafskäse
- ½ Bund Petersilie
- 1 kleine Zwiebel
- 200 g gemischtes Hackfleisch
- 5 EL Olivenöl
- Salz
- schwarzer Pfeffer
- 1 Prise gem. Kreuzkümmel

Arbeitszeit: 15 Min.
Garzeit: 10 Min.

Schweinefilet in Whiskyrahm

2 Schweinefiletscheiben (je ca. 80 g)
Salz
schwarzer Pfeffer
2 EL Pflanzenöl
20 g Butter
150 g Spätzle (aus der Kühltheke)
1 Msp. gem. Muskatnuss
½ Bund Schnittlauch
4 cl Whisky
150 g Sahne

Arbeitszeit: 10 Min.
Garzeit: 25 Min.

1 Den Backofen auf 220 °C (Gas Stufe 4–5; Umluft 200 °C) vorheizen. Die Schweinefilets mit dem Handballen flach drücken und auf beiden Seiten mit Salz und Pfeffer würzen.

2 Eine Auflaufform mit Öl einpinseln und die Schweinefilets hineinlegen. Im vorgeheizten Backofen (Mitte) 10 Minuten braten. Dann wenden und weitere 10 Minuten braten.

3 In der Zwischenzeit in einer Pfanne die Butter heiß schäumend erhitzen und die Spätzle darin schwenken. Mit Salz, Pfeffer und Muskatnuss würzen. Den Schnittlauch waschen, trockenschwenken und in feine Röllchen schneiden.

4 Die Schweinefilets mit dem Whisky ablöschen und mit der Sahne begießen. Weitere 5 Minuten schmoren lassen.

5 Die Spätzle mit dem Schnittlauch locker vermengen und auf einen Teller geben. Die Filets dazu anrichten und alles mit der Sauce überziehen.

Tipp

Als Beilage eignen sich auch die verschiedensten Nudelsorten. Wenn Sie vom Vortag noch gekochte Kartoffeln im Kühlschrank haben, braten Sie diese zu Bratkartoffeln ab.

Beilagentipp

Ein bunter Blattsalat und ein Glas trockener Weißwein.

Schnitzel nach Mailänder Art

100 g Spagetti
Salz
1 kleine Zwiebel
1 Knoblauchzehe
4 EL Olivenöl
200 g Tomatenstücke im Saft (Tetra-Pack)
schwarzer Pfeffer
1 TL getr. italienische Kräutermischung
1 dünnes Kalbsschnitzel (ca. 150 g)
etwas Mehl zum Wenden
1 Ei
1 Portionsmilch (10 g)
20 g Butter

Arbeitszeit: 20 Min.
Garzeit: 20 Min.

1 Die Spagetti in reichlich kochendem Salzwasser nach Packungsaufschrift bissfest garen. In der Zwischenzeit die Zwiebel und die Knoblauchzehe schälen und fein würfeln.

2 Die Hälfte des Olivenöls in einem kleinen Topf erhitzen und darin die Zwiebel- und Knoblauchwürfel andünsten. Die Tomatenstücke hinzufügen und das Ganze etwa 10 Minuten einkochen lassen. Mit Salz, Pfeffer und den Kräutern würzen.

3 Das Kalbsschnitzel mit Salz und Pfeffer würzen und im Mehl wenden. Das Ei mit der Milch verquirlen. In einer Pfanne das restliche Olivenöl und die Butter erhitzen.

4 Das Kalbsschnitzel durch das Ei ziehen und in das heiße Fett legen. Bei mittlerer Hitze auf beiden Seiten etwa 10 Minuten braten.

5 Die Spagetti in ein Sieb gießen und abtropfen lassen. Mit der Tomatensauce locker vermengen und auf einen flachen Teller geben. Das Kalbsschnitzel darauf legen.

Tipp

Eine Tomatensauce aus konservierten Tomaten ist schnell gemacht und obendrein sehr billig. Es muss also keine fertig gewürzte Tomatensauce aus dem Glas sein, die meist verhältnismäßig teuer ist.

Beilagentipp

Das Gericht mit frisch geriebenem Parmesan bestreuen und einen Rucolasalat mit einer Vinaigrette aus Aceto balsamico und Olivenöl dazu genießen.

Gefülltes Schnitzel

1 Das Schweineschnitzel mit Salz und Pfeffer würzen. Mit dem Parmaschinken und der Käsescheibe belegen. Den Gorgonzola in kleine Stückchen schneiden und in die Mitte legen.

2 Den Parmaschinken und die Käsescheibe um den Gorgonzola hüllen und nun das Fleisch darüber klappen. Die Ränder fest mit Hölzchen verschließen.

3 Das Ei mit der Milch verrühren. Das Schnitzel in dem Mehl wenden und durch die Eimischung ziehen. Dann in den Semmelbröseln wenden.

4 Das Pflanzenöl in einer Pfanne erhitzen und das gefüllte Schnitzel hineinlegen. Auf jeder Seite braten, bis eine goldbraune Kruste entsteht. Dabei die Butter in die Pfanne gleiten lassen. Das Schnitzel bei kleiner Hitze weitere 10 Minuten braten.

Tipp

Mittlerweile gibt es gefüllte Schnitzel auch fertig zu kaufen. Doch Sie sollten sich die 15 Minuten Zeit nehmen und ein frisches Schnitzel vom Metzger selber füllen und panieren – der spürbar bessere Geschmack belohnt Ihre Mühe.

Beilagentipp

Pommes frites oder Bratkartoffeln und Tomatensalat.

1 doppelt geschnittenes Schweineschnitzel von der Oberschale (ca. 180 g)

3 Scheiben hauchdünn geschnittener Parmaschinken

1 dünne Scheibe Schnittkäse (z. B. Gouda, Emmentaler, Edamer oder Taleggio)

50 g Gorgonzola

1 Ei

1 Portionsmilch (10 g)

3 EL Pflanzenöl

25 g Butter

Außerdem

2 Holzspießchen

etwas Mehl zum Wenden

etwas Semmelbrösel zum Wenden

Arbeitszeit: 10 Min.
Garzeit: 20 Min.

Klassiker

Kalbsleber mit Apfel und Zwiebel

1 Zwiebel
1 Apfel
1 TL Zitronensaft
150 g Kalbsleber
etwas Mehl zum Wenden
2 EL Butter
Salz
schwarzer Pfeffer
½ TL getr. Majoran
100 ml Fleischbrühe (gekörnte Brühe)
150 g Sahne

Arbeitszeit: 15 Min.
Garzeit: 20 Min.

1 Die Zwiebel schälen und in sehr feine Ringe schneiden. Den Apfel schälen, entkernen, in dünne Spalten schneiden und mit Zitronensaft beträufeln.

2 Die Kalbsleber in dünne Scheibchen schneiden und in dem Mehl wenden. In einer Pfanne die Hälfte der Butter heiß schäumend erhitzen und darin die Zwiebelringe bräunen. Auf einen Teller legen und die Apfelspalten in dem Bratensatz dünsten; auf die Zwiebeln legen.

3 Die restliche Butter in die Pfanne geben und darin die Kalbsleberstücke von allen Seiten 5–8 Minuten braten. Auch auf einen Teller legen und mit Salz, Pfeffer und Majoran würzen.

4 Den Bratensatz mit Fleischbrühe löschen und mit Sahne aufgießen. Einige Minuten einkochen lassen und dabei mit Salz, Pfeffer und Majoran würzen.

5 Die Pfanne vom Herd ziehen und mit der Leber, den Zwiebeln und den Äpfeln vorsichtig mischen. Nochmals abschmecken.

Varianten

Auch Schweineleber ist für dieses Rezept geeignet. Sollten Sie keine Innereien, aber die Kombination von gebratenen Zwiebeln und Äpfeln mögen, dann braten Sie eine Scheibe Schweinehalsgrat scharf an und bereiten aus den übrigen Zutaten eine feine Sauce – wie im Rezept beschrieben.

Beilagentipp

Kartoffelbrei, Nudeln oder einfach knuspriges Weißbrot zum »Aufwischen« der Sauce.

Geschnetzeltes mit Champignons

1 kleine Zwiebel
100 g frische Champignons
150 g Rinderfilet
schwarzer Pfeffer
4 EL Pflanzenöl
Salz
20 g Butter
50 ml trockener Weißwein
100 g Sahne
1 TL Bratensauce (Fertigprodukt)
Außerdem
1 Kästchen Kresse

Arbeitszeit: 15 Min.
Garzeit: 10 Min.

1 Die Zwiebel schälen und fein würfeln. Die Champignons häuten und je nach Größe vierteln oder halbieren.

2 Das Rinderfilet in gleichmäßig dünne Scheiben schneiden und mit Pfeffer würzen. Das Pflanzenöl in einer Pfanne stark erhitzen und die Fleischscheiben einlegen. Von allen Seiten scharf anbraten, auf einen Teller legen und mit Salz würzen.

3 Die Butter in den Bratensatz gleiten lassen und darin die Zwiebelwürfel andünsten. Die Champignons hinzufügen und so lange dünsten, bis die Flüssigkeit aufgesogen ist.

4 Den Pfanneninhalt mit dem Weißwein ablöschen und mit der Sahne aufgießen. Nach dem ersten Aufkochen die Bratensauce einrühren und mit Salz und Pfeffer würzen.

5 Die Pfanne vom Herd ziehen und das Fleisch untermengen. Nochmals abschmecken, auf einen Teller geben und mit der Kresse garnieren.

Tipp

Die fertige Bratensauce muss nicht unbedingt sein, gibt aber der Sauce einen kräftigen Geschmack. Zweigen Sie etwas Sauce ab und frieren Sie diese in einer Eiswürfelform ein. Bei Bedarf geben Sie sie in gefrorenem Zustand portionsweise in die Pfanne.

Beilagentipp

Kartoffelkroketten oder -plätzchen, als Getränk denselben Weißwein, den Sie zum Kochen verwendet haben.

Lammfilet auf Toast mit Jogurt

1 Das Lammfilet in dünne Streifen schneiden und mit Pfeffer, Thymian und Gyrosgewürz einreiben. Die Knoblauchzehen schälen und fein würfeln. Die Petersilie waschen, trockenschwenken, von den Stielen zupfen und fein hacken.

2 Den Vollmilchjogurt mit Salz, Pfeffer, Knoblauch und Petersilie verrühren. In einer Pfanne das Olivenöl erhitzen und darin die Lammstreifen von allen Seiten scharf anbraten.

3 In der Zwischenzeit das Weißbrot toasten, mit Butter bestreichen und auf einen Teller legen. Die Lammstreifen darauf verteilen, mit Jogurt überziehen und die Oliven darüber streuen.

Varianten

Knoblauchbutter können Sie leicht selbst herstellen: Einfach Butter mit frischem Knoblauch oder Knoblauchpulver verrühren.

Beilagentipp

Bauernsalat und ein Gläschen Retsina.

- 150 g Lammfilet
- schwarzer Pfeffer
- 1 Msp. getr. Thymian
- ¼ TL Gyrosgewürz
- 2 Knoblauchzehen
- einige Zweige Petersilie
- 100 g Vollmilchjogurt
- Salz
- 3 EL Olivenöl
- 2 Scheiben Weißbrot
- 1 TL Knoblauchbutter
- 50 g schwarze, entkernte Oliven

Arbeitszeit: 20 Min.
Garzeit: 10 Min.

Einfach und raffiniert

Kalbskotelett mit Roquefortsauce

1 große Zwiebel
1 EL Butter
100 ml Fleischbrühe (gekörnte Brühe)
1 Lorbeerblatt
schwarzer Pfeffer
2 EL Pflanzenöl
1 Kalbskotelett (ca. 150 g)
50 ml trockener Weißwein
100 g Sahne
50–80 g Roquefort (oder ein anderer Schimmelkäse wie Gorgonzola oder Bavaria blue)

Arbeitszeit: 10 Min.
Garzeit: 15 Min.

1 Die Zwiebel schälen und in feine Würfel schneiden. In einer Pfanne die Hälfte der Butter heiß schäumend erhitzen und darin die Zwiebelwürfel andünsten.

2 Mit der Fleischbrühe aufgießen, aufkochen lassen, das Lorbeerblatt einlegen und alles mit Pfeffer würzen. Bei kleiner Hitze etwa 10 Minuten leise köcheln lassen.

3 In der Zwischenzeit das Pflanzenöl in einer Pfanne stark erhitzen. Das Kalbskotelett mit Salz und Pfeffer würzen und auf beiden Seiten in etwa 10 Minuten braten. Herausnehmen und auf einen Teller legen.

4 Den Bratensatz mit dem Weißwein ablöschen, mit der Sahne aufgießen und zu den Zwiebeln gießen. Den Käse klein schneiden und in der Sauce cremig rühren. Die Käsesauce löffelweise über das Kalbskotelett geben.

Variante

Sie können jedes andere Kurzbratfleisch verwenden.

Beilagentipp

Butterreis oder Bratkartoffeln und Kopfsalat. Wem das zu aufwendig ist, nimmt Vollkornbaguette oder Walnussbrot zum »Aufwischen« der Sauce.

Straußenfilet in Steinpilzsahne

100 g frische Steinpilze
1 kleine Zwiebel
1 Knoblauchzehe
½ Bund glatte Petersilie
50 g gekochter Schinken
150 g Straußenfilet
schwarzer Pfeffer
2 EL Pflanzenöl
Salz
1 EL Butter
1 EL Kräuterbutter
50 ml trockener Weißwein
100 g Sahne

Arbeitszeit: 15 Min.
Garzeit: 10 Min.

1 Die Steinpilze putzen und klein schneiden. Die Zwiebel und die Knoblauchzehe schälen und fein würfeln. Die Petersilie waschen, trockenschwenken, von den Stielen zupfen und fein hacken.

2 Den Schinken fein würfeln. Das Straußenfilet in gleichmäßig dünne Scheiben schneiden und mit Pfeffer würzen. Das Pflanzenöl in einer Pfanne stark erhitzen und darin die Fleischstreifen rundherum scharf anbraten. Herausnehmen, auf einen Teller legen und salzen.

3 Die Butter in den Bratensatz gleiten lassen und darin die Zwiebel- und Knoblauchwürfel andünsten. Die Schinkenwürfel und die Steinpilze hinzufügen und so lange dünsten, bis der Pilzsaft aufgesogen ist.

4 Den Pfanneninhalt mit dem Weißwein und der Sahne aufgießen. Mit Salz und Pfeffer würzen und etwa 5 Minuten leise köcheln lassen. Die Pfanne vom Herd ziehen und die Fleischstreifen in der Sauce schwenken.

Tipp

Wenn Sie bereits geschlagene Sahne in Sprühdosen zu Hause im Vorratsschrank haben, können Sie auch diese verwenden.

Beilagentipp

TK-Rösti oder TK-Kartoffeltaler, im Ofen kurz gebacken.

Hähnchen mit Früchten

150 g Hähnchenbrustfilet
Salz
schwarzer Pfeffer
2 EL Pflanzenöl
100 g frische Champignons
100 g blaue und weiße Trauben
1 Scheibe Ananas mit Saft (aus der Dose)
1 Banane
1 TL Zitronensaft
2 EL Mayonnaise
1 TL Tomatenketchup
2 cl Weinbrand
einige Tropfen Worcestershire-Sauce
1 Tropfen Tabasco
1 Msp. Zucker

Arbeitszeit: 20 Min.

1 Das Hähnchenbrustfilet würfeln, salzen und pfeffern und in heißem Pflanzenöl anbraten. Die Champignons putzen und je nach Größe halbieren oder vierteln. Die Trauben waschen, halbieren und eventuell entkernen.

2 Die Ananasscheibe in kleine Stücke schneiden. Die Banane schälen, in Scheiben schneiden und mit Zitronensaft beträufeln.

3 Die Mayonnaise mit Tomatenketchup, Weinbrand, Ananassaft, Worcestershire-Sauce und Tabasco verrühren. Mit Salz, Pfeffer und Zucker abschmecken. Alle Zutaten mit der Marinade locker vermengen und sofort servieren.

Tipp

Sie können auch ein ½ gegrilltes Hähnchen – entbeint, enthäutet und in Stücke geschnitten – verwenden. Grillhähnchen gibt es so gut wie überall zum Mitnehmen. Kaufen Sie gleich ein ganzes, so können Sie die Hälfte davon – ebenfalls entbeint und in kleine Stücke geschnitten – bis zum Gebrauch einfrieren.

Variante

Sie können für dieses Rezept auch 200 g gekochtes Putenfleisch verwenden.

Beilagentipp

Toast und ein Glas Weißwein.

Knusprige Blätterteighappen

1 Den Backofen auf 210 °C (Gas Stufe 4; Umluft 190 °C) vorheizen. Ein Backblech mit Backpapier belegen.

2 Auf einer bemehlten Arbeitsfläche je eine Scheibe Blätterteig ausrollen und diese in vier gleich große Rechtecke schneiden.

3 Den Camembert in kleine Stücke und den Schinken in dünne Streifen schneiden. Käse und Schinken auf die Mitten der acht Rechtecke verteilen.

4 Die Teigränder mit Wasser bepinseln, die Seiten einschlagen und die Rechtecke zu Päckchen aufrollen. Das Ei mit der Milch verrühren und die Teigpäckchen damit bepinseln.

5 Die Teigpäckchen auf das Backblech setzen und im vorgeheizten Backofen (Mitte) in etwa 15 Minuten goldgelb und knusprig backen.

Tipp

Tiefgefrorenen Blätterteig sollte man immer zu Hause haben. In ihn lässt sich alles einwickeln: Gemüse, Fleisch, Würstchen, Käse, Fisch bis hin zu Früchten.

Beilagentipp

Fertigsaucen zum Dippen oder Jogurt mit frischen Kräutern dazu servieren.

2 Scheiben TK-Blätterteig

150 g Camembert

100 g gekochter Schinken

Außerdem

Backpapier für das Backblech

Mehl für die Arbeitsfläche

1 Ei

2 Portionsmilch (je 10 g)

Arbeitszeit: 20 Min.
Garzeit: 15 Min.

Feine Mahlzeiten mit Fisch

Wenn Sie sich durch unser Fischkapitel kochen, ist es gleichgültig, ob der Fisch nun frisch vom Fischhändler oder aus dem Tiefkühlfach kommt. Die unkomplizierten, aber raffinierten Rezepte schmecken einfach köstlich und werden Sie überzeugen, dass nicht nur am Freitag »Fischtag« ist.

Fischröllchen mit Speck

5 kleine Kartoffeln
Salz
1 Prise gem. Kümmel
1 kleine Zwiebel
½ Bund Petersilie
4 kleine Schollenfilets (ca. 200 g)
schwarzer Pfeffer
1 TL Zitronensaft
4 hauchdünne Speckscheiben
2 EL Butter
Außerdem
Holzspießchen

Arbeitszeit: 15 Min.
Garzeit: 15 Min.

1 Die Kartoffeln in genügend Salzwasser mit einer Prise Kümmel in etwa 20 Minuten gar kochen. In der Zwischenzeit die Zwiebel schälen und würfeln. Die Petersilie waschen, trockenschwenken, von den Stielen zupfen und fein hacken.

2 Die Schollenfilets waschen und trockentupfen. Mit Salz, Pfeffer und Zitronensaft würzen. Die vier Speckscheiben auf einer Arbeitsplatte auslegen und darauf die Fischfilets geben. Zu Röllchen aufrollen und mit Holzspießchen feststecken.

3 Die Kartoffeln abgießen, kurz auskühlen lassen und schälen. In einer Pfanne die Hälfte der Butter erhitzen und darin die Fischröllchen von allen Seiten anbraten. Weitere 5 Minuten bei schwacher Hitze braten.

4 Die Fischröllchen aus der Pfanne nehmen und auf einen vorgewärmten Teller legen. Die restliche Butter in den Bratensatz geben und die Zwiebelwürfel andünsten. Die Kartoffeln darin schwenken und mit Petersilie bestreuen.

Tipp

Noch schneller kann man ein so leckeres Gericht kaum auf den Tisch bringen. Noch ein Tipp: Kochen Sie mehr Kartoffeln, als Sie brauchen, und verwenden Sie sie am nächstenTag für Bratkartoffeln oder einen Kartoffelsalat. Übrige Petersilie können Sie hacken und portionsweise einfrieren.

Variante

Sie können auch Kabeljau-, Lengfisch-, Seelachs- oder Seezungenfilets verwenden. Falls Sie keinen frischen Fisch bekommen, einfach auf Vorrat tiefgefrorene Filets kaufen.

Beilagentipp

Bunte Blattsalate mit Vinaigrette und zu den Fischröllchen Remoulade.

Bild Seite 50

Eine Spezialität

Scharfe Garnelen in Knoblauchöl

1 Den Backofen auf 200 °C (Gas Stufe 3–4; Umluft 180 °C) vorheizen. Die Riesengarnelen schälen, am Rücken entlang aufschneiden, entdarmen und unter fließendem kaltem Wasser gründlich waschen.

2 Die Riesengarnelen salzen und pfeffern und mit Zitronensaft beträufeln. Die Knoblauchzehen schälen und fein würfeln. Die Chilischote waschen und nur aufschlitzen.

3 Den Knoblauch, die Chilischote sowie die Riesengarnelen in eine ofenfeste Portionsform legen und mit dem Olivenöl beträufeln. Die Garnelen im vorgeheizten Backofen (Mitte) in etwa 10 Minuten backen. Im kochenden Olivenöl servieren.

Tipp

Besser sind Riesengarnelen natürlich frisch vom Fischhändler. Aber als TK-Ware portionsweise auf Vorrat eingefroren, können sie auch spontane kulinarische Gelüste befriedigen.

Beilagentipp

Viel frisches Weißbrot und ein Gläschen trockener Weißwein.

- 3 Riesengarnelen
- Salz
- schwarzer Pfeffer
- etwas Zitronensaft
- 2 Knoblauchzehen
- 1 frische, rote Chilischote
- etwa 50 ml Olivenöl

Arbeitszeit: 5 Min.
Garzeit: 10 Min.

Einfach und raffiniert

Fischreis aus dem Backofen

1 kleine Zwiebel
200 g Fischfilet (z. B. Seehecht oder Seelachs)
Salz
1 TL Zitronensaft
schwarzer Pfeffer
3 EL Olivenöl
100 g Langkornreis
½ Döschen Safran
2 cl Sherry
250 ml Gemüsebrühe (Instant)
Außerdem
Petersilienröschen für die Garnitur

Arbeitszeit: 15 Min.
Garzeit: 20 Min.

1 Den Backofen auf 210 °C (Gas Stufe 4; Umluft 190 °C) vorheizen. Die Zwiebel schälen und fein würfeln. Den Fisch in gleich große Stücke schneiden und mit Salz, Zitronensaft und Pfeffer würzen.

2 In einem Bräter das Olivenöl erhitzen und darin die Zwiebelwürfel andünsten. Den Reis dazurühren und nach 1 Minute mit Safran, Salz und Pfeffer würzen. Mit dem Sherry ablöschen und mit der Gemüsebrühe aufgießen.

3 Sobald das Ganze aufkocht, die Fischstücke einlegen und den Bräter in den vorgeheizten Backofen (Mitte) schieben. Während der Garzeit von etwa 20 Minuten ein- bis zweimal umrühren. Vor dem Servieren mit Petersilie garnieren.

Varianten

Verwenden Sie statt des Fischfilets Fleischreste, wenn Sie welche haben, oder auch Salami. Verschiedenes Gemüse wie Zucchini, Paprikaschoten oder Möhren ist genauso willkommen.

Beilagentipp

Eingelegtes italienisches Gemüse wie getrocknete Tomaten in Öl, Auberginen und Oliven. Als Getränk einen trockenen Weißwein dazu genießen.

Lachsschnitte auf Gorgonzola-Spinat

2 Lachsschnitten (je ca. 60 g)
Salz
1 TL Zitronensaft
schwarzer Pfeffer
1 kleine Zwiebel
1 Knoblauchzehe
200 g TK-Blattspinat
40 g Butter
5 cl Wermut oder Weißwein
50 g Crème double
50 g Gorgonzola oder anderer Schimmelkäse wie Bavaria blue oder Roquefort
Außerdem
½ Zitrone

Arbeitszeit: 15 Min.
Garzeit: 15 Min.

1 Die Lachsschnitten mit Salz, Zitronensaft und Pfeffer würzen. Die Zwiebel und die Knoblauchzehe schälen und fein würfeln. Den aufgetauten Blattspinat in einem Sieb ausdrücken.

2 In einer Pfanne 20 g Butter heiß schäumend erhitzen und darin die Lachsschnitten auf beiden Seiten anbraten. Die Hitze verringern und die Lachsschnitten weitere 8 Minuten leise garen, dabei mit Wermut beträufeln.

3 In der Zwischenzeit in einem breiten Topf die restliche Butter erhitzen. Die Zwiebel- und Knoblauchwürfel andünsten und die Crème double einrühren.

4 Den Käse in kleine Stücke schneiden und zusammen mit der Crème double cremig rühren. Die Hitze zurückdrehen und den Spinat locker untermengen. Mit Salz und Pfeffer würzen.

5 Den Käse-Spinat auf einem Teller verteilen und die Lachsschnitten auf dem Spinat anrichten. Bei Tisch mit Zitronensaft beträufeln.

Variante

Aus 1 mach 2: die Zutaten für den Gorgonzola-Spinat verdoppeln und den Spinat mit Parmaschinken, Grissini und Reis genießen. Die gebratenen Lachsschnitten mit Pellkartoffeln und Kräuterquark genießen.

Beilagentipp

Knuspriges Baguette und ein Gläschen Prosecco.

Gebackener Gemüsefisch

1 Das Fischfilet mit Salz, Zitronensaft und Pfeffer würzen und mit Weißwein beträufeln. Das Suppengrün gründlich waschen, zum Teil schälen, trockentupfen und alles in dünne Streifen schneiden. Den Backofen auf 200 °C (Gas Stufe 3–4; Umluft 180 °C) vorheizen. Eine feuerfeste Form mit Butter ausstreichen.

2 In einer Pfanne 30 g Butter erhitzen und darin die Gemüsestreifen einige Minuten andünsten. Den Pfanneninhalt auf dem Boden der Form verteilen.

3 Das Fischfilet auf das Gemüse legen und mit Sahne begießen. Die restliche Butter in Flöckchen obenauf legen.

4 Den Fisch im vorgeheizten Backofen (Mitte) etwa 20 Minuten garen.

Beilagentipp

Knuspriges Weißbrot zum Tunken, Lollo Rosso-Salat mit Walnussdressing oder ein einfacher Kartoffelsalat.

- 200 g TK-Fischfilet (z. B. Scholle, Heilbutt, Seehecht oder Seelachs)
- Salz
- 1 TL Zitronensaft
- schwarzer Pfeffer
- 5 cl Weißwein
- ½ Bund Suppengrün, bestehend aus Möhre, Sellerie, Lauch, Petersilienwurzel und -grün
- 40 g Butter
- 200 g Sahne

Außerdem

- Butter für die Form

Arbeitszeit: 15 Min.
Garzeit: 15 Min.

Gebratenes Fischfilet mit Zitronensahne

150 g Fischfilet (z. B. Hecht, Zander, Forelle, Lachs oder Waller)
Salz
schwarzer Pfeffer
einige Tropfen Worcestershire-Sauce
1 Zitrone
½ Bund glatte Petersilie
2 EL Butter
etwas Mehl zum Wenden
5 cl trockener Weißwein
50 g Sahne
50 g Crème fraîche
1 Msp. Zucker

Arbeitszeit: 15 Min.
Garzeit: 15 Min.

1 Das Fischfilet mit Salz, Pfeffer und Worcestershire-Sauce würzen. Die Zitrone so schälen, dass auch die weiße Haut vollständig entfernt wird.

2 Mit einem scharfen Messer zwischen den Hautsegmenten der Zitrone einige Filets herausschneiden und beiseite legen. Von dem restlichen Stück etwas Saft über den Fisch träufeln.

3 Die Petersilie waschen, trockenschwenken, von den Stielen zupfen und fein hacken. In einer Pfanne die Butter heiß schäumend erhitzen. Die Fischfilets in Mehl wenden und auf beiden Seiten anbraten.

4 Die Fischfilets bei kleiner Hitze weitere 5 Minuten braten. Dann herausnehmen und auf einen vorgewärmten Teller legen.

5 Den Bratensatz mit dem Weißwein, der Sahne und der Crème fraîche aufkochen. Die Hitze reduzieren, die Zitronenfilets und die Petersilie einrühren. Die Zitronensahne mit Zucker, Salz und Pfeffer würzen und löffelweise über den Fisch geben.

Tipp

Jedes Gericht ist so gut wie seine Zutaten. Gerade bei Fisch muss penibel auf beste Qualität und Frische geachtet werden. Nur so kann in Butter gebratener Fisch »wie ein Gedicht« schmecken.

Lachs in der Folie mit Bandnudeln

100 g Bandnudeln
Salz
1 Lachsschnitte (ca. 200 g)
1 TL Zitronensaft
schwarzer Pfeffer
1 Stück Kräuterbutter (20 g)
2 EL trockener Weißwein
Außerdem
Alufolie

Arbeitszeit: 5 Min.
Garzeit: 15 Min.

1 Den Backofen auf 200 °C (Gas Stufe 3–4; Umluft 180 °C) vorheizen. Die Bandnudeln nach Packungsaufschrift in kochendem Salzwasser bissfest garen.

2 In der Zwischenzeit die Lachsschnitte unter fließendem kaltem Wasser waschen und mit Küchenkrepp trockentupfen.

3 Den Lachs mit Zitronensaft beträufeln, salzen und pfeffern. Ein entsprechend großes Stück Alufolie in der Mitte mit etwas Kräuterbutter bestreichen.

4 Darauf die Lachsschnitte setzen, mit Kräuterbutterflöckchen belegen und mit dem Weißwein beträufeln. Die Folienränder zur Mitte nach oben ziehen und gut verschließen.

5 Das Lachspäckchen auf ein Backblech geben und für 15 Minuten im vorgeheizten Backofen (Mitte) garen.

6 Die Nudeln in ein Sieb gießen, abtropfen lassen und auf einem großen Teller verteilen. Den Lachs aus der Folie nehmen, auf die Nudeln geben und alles mit dem Saft, der sich in der Folie gebildet hat, beträufeln.

Variante

Durch die wenigen Zutaten wird der feine Lachsgeschmack betont. Doch wer mag, kann Garnelen und frische Kräuter in das Lachspäckchen mit dazugeben.

Beilagentipp

Verschiedene Blattsalate mit einem Dressing aus Olivenöl und Aceto balsamico.

Einfach und raffiniert

Schwedische Fischkartoffeln

In Schweden ist dieses Gericht äußerst beliebt: Ein leichter Fischgeschmack durchzieht die Kartoffeln und die Zwiebeln, zergeht auf der Zunge und hinterlässt einen sahnigen Geschmack. Es wird »Janssons frestelse« genannt – Janssons Versuchung.

1 Den Backofen auf 200 °C (Gas Stufe 3–4; Umluft 180°C) vorheizen. Eine Auflaufform mit Butter ausstreichen. Die Zwiebel schälen, halbieren und in Streifen schneiden.

2 Die Anchovis unter fließendem kaltem Wasser waschen und mit Küchenkrepp trockentupfen. Dann schräg in dünne Streifen schneiden.

3 Die Kartoffeln schälen, zuerst in Scheiben und dann in Stifte schneiden. Die Zwiebeln und die Kartoffeln in die Form geben und mit den Fischstreifen locker vermengen.

4 Alles mit Pfeffer würzen und mit der Sahne begießen. Obenauf Butterflöckchen geben und die Form in den vorgeheizten Backofen (Mitte) schieben. Während der Garzeit von etwa 30 Minuten den Auflauf einmal durchmischen, da die Oberfläche schnell bräunt.

Tipp

Anchovis sind so salzig eingelegt, dass kein zusätzliches Salz mehr benötigt wird – doch entscheiden Sie nach Geschmack.

Variante

Sie können statt der Anchovis jedes andere Fischfilet verwenden.

Beilagentipp

Ein gemischter Salat und als Getränk ein kühles Bier.

2 EL Butter
1 große Zwiebel
3 eingelegte Anchovis
300 g Kartoffeln
200 g Sahne
schwarzer Pfeffer

Arbeitszeit: 15 Min.
Garzeit: 30 Min.

Rotbarschfilet auf Salatbett

- 2 Rotbarschfilets (je ca. 80 g)
- Saft von ½ Zitrone
- Salz
- schwarzer Pfeffer
- ¼ römischer Salat
- 100 g frische Champignons
- 100 g Naturjogurt
- 1 TL gemischte TK-Kräuter
- 1 Prise Zucker
- 1 EL Butter

Arbeitszeit: 15 Min.
Garzeit: 10 Min.

1 Das Fischfilet unter fließendem kaltem Wasser waschen und mit Küchenkrepp trockentupfen. Quer in kleinere Stücke schneiden und mit der Hälfte des Zitronensaftes, Salz und Pfeffer würzen.

2 Den Salat in Blätter teilen, in Streifen schneiden, waschen und in einem Sieb abtropfen lassen. Die Champignons häuten und je nach Größe halbieren oder vierteln.

3 Aus dem Jogurt, dem restlichen Zitronensaft und den Kräutern eine Salatsauce rühren. Mit Salz, Pfeffer und Zucker abschmecken.

4 Die Butter in einer Pfanne heiß schäumend erhitzen. Die Fischfiletstücke einlegen und auf jeder Seite 3 Minuten braten. Die Champignons noch 2 Minuten mitschwenken, dabei salzen und pfeffern.

5 Den Salat mit der Salatsauce locker vermengen und auf einem großen Teller anrichten. Die Fischfiletstücke und die Champignons darauf geben.

Tipp

Überprüfen Sie Ihr Gemüsefach: Sicher haben Sie noch einiges, was Sie in den Salat geben können. Vielleicht eine halbe Paprikaschote, ein paar Radieschen, ein Stück Zucchino oder etwas Eisbergsalat? Das Salatbett sollte möglichst üppig auf dem Teller angerichtet sein. Das sättigt und sieht zudem sehr hübsch aus.

Beilagentipp

Knuspriges Knoblauchbaguette aus dem Backofen, Ciabatta oder Grissini vom Bäcker.

Überbackene Makkaroni mit Fisch

100 g Makkaroni
Salz
2 EL Olivenöl
200 g TK-Seelachsfilet
etwas Zitronensaft
schwarzer Pfeffer
1 Ei
100 g Sahne
50 g ger. Parmesan

Arbeitszeit: 5 Min.
Garzeit: 20 Min.

1 Die Makkaroni je nach Belieben in kleinere Stücke brechen und nach Packungsaufschrift in kochendem Salzwasser bissfest garen. Den Backofen auf 200 °C (Gas Stufe 3–4; Umluft 180 °C) vorheizen. Eine Auflaufform mit 1 EL Olivenöl einpinseln.

2 In der Zwischenzeit das Seelachsfilet unter fließendem kaltem Wasser waschen und mit Küchenkrepp trockentupfen. In mundgerechte Stücke schneiden und mit Salz, Zitronensaft und Pfeffer würzen.

3 Das Ei mit der Sahne verrühren und den Käse unterheben. Die Nudeln abgießen und mit dem restlichen Olivenöl locker vermischen.

4 Die Makkaroni und die Fischstücke in die Auflaufform schichten. Mit der Käse-Sahne löffelweise überziehen. Den Auflauf im vorgeheizten Backofen (Mitte) in 20 Minuten überbacken.

Tipp

Kochen Sie gleich ein paar Nudeln mehr und bereiten Sie am nächsten Tag einen Nudelsalat zu.

Variante

Sie können jede andere Käse- und auch Nudelsorte verwenden.

Beilagentipp

Ein gemischter Salat mit einer Vinaigrette aus Aceto Balsamico und Olivenöl.

Auch für Gäste

Muscheln im Sahnesud

1 Die Muscheln in kaltem Wasser so lange wässern, bis das Wasser klar bleibt. Bereits geöffnete Muscheln wegwerfen, sie sind ungenießbar.

2 Die Schalotte sowie die Knoblauchzehen schälen und fein würfeln. Die Petersilie waschen, trockenschwenken, von den Stielen zupfen und fein wiegen.

3 Den Weißwein, die Sahne und ⅛ l Wasser in einen breiten Topf gießen. Leicht salzen und pfeffern, dann den Sud aufkochen und die Schalotten- und Knoblauchwürfel sowie das Lorbeerblatt hinzufügen.

4 Die Muscheln in den Sud geben und bei geschlossenem Topf in 8–10 Minuten köcheln lassen, bis sich alle Schalen geöffnet haben. Ungeöffnete Schalen wegwerfen.

Tipps

Beim Fischhändler gibt es mittlerweile gut geputzte Muscheln, die zu Hause nur noch gewässert werden müssen. Auch hier kann man in »Notfällen« oder in den Monaten ohne »-er« am Wortende auf TK-Ware zurückgreifen. Sollte Sahnesud übrig bleiben, können Sie ihn entweder für eine Fischsauce einfrieren oder am nächsten Tag ein Fischfilet darin garen.

Beilagentipp

Weißbrot zum Auftunken des Sahnesuds.

- 1 kg frische, geputzte Miesmuscheln
- 1 Schalotte oder kleine Zwiebel
- 2 Knoblauchzehen
- zwei Petersilienzweige
- ¼ l trockener Weißwein
- 200 g Sahne
- Salz
- schwarzer Pfeffer aus der Mühle
- 1 Lorbeerblatt

Arbeitszeit: 15 Min.
Garzeit: 10 Min.

Grüne Satt-macher

Hier können Sie pure Vitamine tanken – mit abwechslungsreicher gesunder Kost, die Fleisch gar nicht nötig hat. Werfen Sie auch einen Blick auf unseren Jahreszeitenkalender im Einleitungsteil: Dort erfahren Sie, wann welches Gemüse Saison hat und Sie es besonders frisch und preiswert erstehen können.

Vollwertig

Müslipuffer mit Radieschenquark

250 g Kartoffeln
1 kleine Möhre
50 g gemischte Weizenflocken
1 EL geh. Haselnüsse
1 EL Sultaninen
1 Ei
1 EL saure Sahne
Salz
schwarzer Pfeffer
5 Radieschen
½ Bund Schnittlauch
100 g Sahnequark
50 g Vollmilchjogurt
1 TL Zitronensaft
50 g Butterschmalz

Arbeitszeit: 15 Min.
Garzeit: 15 Min.

1 Die Kartoffeln und die Möhre schälen und fein raspeln. Mit den Händen den Saft etwas ausdrücken und abgießen, dann die Kartoffel- und Möhrenraspel mit den Weizenflocken, den Haselnüssen, den Sultaninen, dem Ei und der Sahne vermengen. Mit Salz und Pfeffer würzen und etwa 10 Minuten quellen lassen.

2 In der Zwischenzeit die Radieschen waschen und in dünne Streifen schneiden. Den Schnittlauch waschen, trockenschwenken und in Röllchen schneiden. Zusammen mit dem Quark und dem Jogurt cremig verrühren. Mit Salz, Pfeffer und Zitronensaft würzen.

3 Das Butterschmalz in einer großen Pfanne erhitzen. Esslöffelweise Kartoffelteig in das heiße Schmalz geben und mit dem Löffelrücken zu Puffern flach drücken. Sobald die Puffer gut angebraten sind, wenden und auf der anderen Seite knusprig braten. Herausnehmen und auf Küchenkrepp entfetten. Den Radieschenquark auf den Müslipuffern löffelweise verteilen.

Tipp

Angebrochene Lebensmittel wie Jogurt, Quark oder saure Sahne halten sich, gut verschlossen, einige Tage im Kühlschrank. Mit Jogurt am nächsten Tag eine Salatsauce zaubern, Quark und Schnittlauch für ein Butterbrot als Zwischenimbiss verwenden und die saure Sahne für ein schnelles Pfannengericht.

Beilagentipp

Gemischte, grüne Blattsalate.

Bild Seite 66

Einfach und raffiniert

Überbackene Käsekartoffeln

1 Den Backofen auf 190 °C (Gas Stufe 3; Umluft 170 °C) vorheizen. Eine ofenfeste Form mit Butter ausfetten. Die Kartoffeln schälen und in dünne Scheiben schneiden.

2 Die Birne schälen, längs halbieren und entkernen. In dünne Spalten schneiden und mit Zitronensaft beträufeln.

3 Die Kartoffel- und Birnenscheiben abwechselnd dachziegelartig in die Form schichten. Mit Salz und Pfeffer würzen.

4 Die Sahne mit dem Käse vermengen und die Kartoffel- und Birnenscheiben damit löffelweise überziehen. Die Käsekartoffeln im vorgeheizten Backofen in etwa 30 Minuten überbacken.

Tipp

Wer es sehr eilig hat, kann fertig geschälte und gekochte Kartoffeln im Glas kaufen und diese mit den Birnenspalten und dem Käse nur zum Überbacken in den Ofen schieben. Frische Kartoffeln sind jedoch ein unvergleichliches Geschmackserlebnis.

Variante

Einen anderen Käse Ihrer Wahl oder Käsereste verwenden.

Beilagentipp

Knoblauchbaguette und ein gemischter Salat. Oder ein Steak dazu braten und die Hälfte der Kartoffeln am nächsten Tag genießen.

3 Kartoffeln (ca. 400 g)
1 Birne
etwas Zitronensaft
Salz
schwarzer Pfeffer
200 g Sahne
100 g frisch ger. Greyerzer

Außerdem

Butter für die Form

Arbeitszeit: 15 Min.
Garzeit: 30 Min.

Pfifferlingstrudel mit Brunnenkressedip

- 1 kleine Zwiebel
- ½ Bund Petersilie
- 50 g geräucherter Speck
- 200 g frische Pfifferlinge
- 20 g Butter
- Salz
- schwarzer Pfeffer
- 50 g Crème fraîche
- 1 Scheibe aufgetauter Blätterteig
- 1 Kästchen Brunnenkresse
- 100 g saure Sahne
- etwas Zitronensaft

Außerdem

- flüssige Butter zum Bestreichen
- Mehl für die Arbeitsfläche

Arbeitszeit: 20 Min.
Garzeit: 15 Min.

1 Die Zwiebel schälen und fein würfeln. Die Petersilie waschen, trockenschwenken, von den Stielen zupfen und fein wiegen.

2 Den Backofen auf 210 °C (Gas Stufe 4; Umluft 190 °C) vorheizen. Ein Backblech mit Butter bestreichen. Den Speck fein würfeln. Die Pfifferlinge putzen und klein schneiden.

3 In einer Pfanne den Speck auslassen. Die Butter hinzufügen und die Zwiebelwürfel darin andünsten. Die Pfifferlinge hinzufügen und solange dünsten, bis der Pilzsaft aufgesogen ist.

4 Die Pilzmischung salzen und pfeffern. Mit der Crème fraîche sowie der Petersilie verfeinern. Vollständig abkühlen lassen.

5 Den Blätterteig auf einer bemehlten Fläche dünn ausrollen. Die Pilzmischung längs darauf geben, die Ränder einschlagen und den Blätterteig aufrollen.

6 Die Blätterteigrolle auf das Backblech geben und mit Butter bestreichen. Den Strudel im vorgeheizten Backofen (Mitte) in etwa 15 Minuten goldgelb und knusprig backen.

7 Für den Dip in der Zwischenzeit die Brunnenkresse waschen, trockentupfen und fein hacken. Mit der sauren Sahne verrühren und mit Salz, Pfeffer und Zitronensaft abschmecken.

Tipp

Für knusprige Backgerichte sollten Sie immer Blätterteig auf Vorrat im Gefrierfach haben. Zum Beispiel Gemüsereste aus dem Kühlschrank klein schneiden, in einer Pfanne braten und in Blätterteig hüllen.

Beilagentipp

Bunte Blattsalate und ein Glas trockener Weißwein.

Spagettini mit kalter Tomatensauce

100 g Spagettini
Salz
einige frische Basilikumblättchen
einige frische Oreganoblättchen
2 Knoblauchzehen
200 g gewürfelte Tomaten (Tetra-Pack)
etwa 2 EL Olivenöl
Salz
schwarzer Pfeffer

Arbeitszeit: 10 Min.
Garzeit: 10 Min.

1 Die Spagettini in reichlich kochendem Salzwasser nach Packungsaufschrift bissfest garen.

2 In der Zwischenzeit die Kräuterblättchen waschen, trockentupfen und in Streifen schneiden. Den Knoblauch schälen und fein würfeln.

3 Die Spagettini in ein Sieb gießen und abtropfen lassen. In einer Schüssel zusammen mit den restlichen Zutaten locker vermengen und sofort genießen.

Tipp

Es dauert ein bisschen länger, aber geschmacklich werden Sie belohnt, wenn Sie frische, gehäutete Tomaten verwenden. Vor allem die italienischen Eier- und Strauchtomaten sind sehr fruchtig und schmecken nach der Sonne des Südens.

Variante

Sie können natürlich jede andere Nudelsorte verwenden, z.B. Farfalle, Penne, Tagliatelle oder Rigatoni.

Beilagentipp

Ein gemischter Salat und ein Gläschen Chianti.

Raffiniert

Gebackener Sellerie mit Sahnedip

1 Die Kräuter waschen, trockenschwenken und fein hacken. Mit der sauren Sahne verrühren und mit Salz, Pfeffer und Curry abschmecken.

2 Den Sellerie in etwa ½ cm dicke Scheiben schneiden. Mit dem Zitronensaft beträufeln. Den Käse mit den Semmelbröseln vermischen. Das Ei mit der Milch verrühren.

3 Die Selleriescheiben in dem Mehl wenden, durch das Ei ziehen und in den Semmelbröseln panieren. Die Butter in einer Pfanne heiß schäumend erhitzen und die Selleriescheiben darin knusprig braten. Mit dem Sahnedip servieren.

Tipp

Den restlichen Sellerie am nächsten Tag für einen Rohkostsalat verwenden. Oder zusammen mit Möhren und Zucchini fein raspeln, in Butter dünsten und mit Sahne eine feine Spagettisauce zubereiten.

Beilagentipp

Ein bunter Salat mit knusprig gebratenen Brotwürfeln. Als Getränk ein Glas Chianti genießen.

½ Bund gemischte Kräuter (z. B. Petersilie, Liebstöckel, Dill und Schnittlauch)

100 g saure Sahne

Salz

schwarzer Pfeffer

etwas gem. Curry

½ Sellerieknolle (ca. 200 g)

1 TL Zitronensaft

1 EL frisch ger. Parmesan

3 EL Semmelbrösel

1 Ei

1 Portionsmilch (20 g)

etwas Mehl zum Wenden

2 EL Butter

Arbeitszeit: 15 Min.
Garzeit: 15 Min.

Gebackener Käse auf Rucola

200 g Bergkäse im Stück
einige Salbeiblättchen
50–80 g Semmelbrösel zum Panieren
1 Ei
2 Portionsmilch (je 10 g)
Mehl zum Wenden
100 g Sahne
2 EL Preiselbeeren
1 Handvoll Rucola
2 EL Butter
4 EL Olivenöl
2 EL Aceto Balsamico
Salz
schwarzer Pfeffer

Arbeitszeit: 20 Min.
Garzeit: 10 Min.

1 Den Bergkäse in vier Stücke schneiden. Die Salbeiblättchen waschen, trockentupfen und fein hacken. Mit den Semmelbröseln vermengen.

2 Das Ei mit der Milch verrühren. Die Käsestücke zuerst in dem Mehl wenden, dann durch das Ei ziehen und in den Salbei-Semmelbröseln panieren.

3 Die Sahne steif schlagen und die Preiselbeeren unterheben. Den Rucola waschen, trockenschwenken und in kleine Stücke schneiden.

4 In einer Pfanne die Butter heiß schäumend erhitzen. Die Käsestücke hineinlegen und von allen Seiten in 8–10 Minuten goldbraun backen.

5 In der Zwischenzeit aus Olivenöl, Aceto Balsamico, Salz und Pfeffer eine Marinade rühren und den Rucola damit anmachen.

6 Den Rucola auf einem großen Teller verteilen und die knusprigen Käsestücke darauf anrichten. Die Käsestücke in die Preiselbeersahne dippen.

Tipp

Gebackenen Käse kennt man meist nur als Fertigprodukt und dann auch nur Camembert. Doch auch andere Käsesorten lassen sich gerne »einwickeln« und backen – besonders mit Salbei schmeckt das einfach wunderbar.

Beilagentipp

Ofenfrisches Knoblauchbaguette und – warum nicht – ein Gläschen Champagner zur Feier des Tages.

Überbackene Rühreier mit Pfifferlingen

150 g Pfifferlinge
1 kleine Zwiebel
1 Knoblauchzehe
½ Bund Schnittlauchröllchen
2 Eier
2 Portionsmilch (á 10 g)
Salz
schwarzer Pfeffer
3 TL Butter
2 Scheiben Vollkorntoast
2 dünne Scheiben Käse Ihrer Wahl (z. B. Greyerzer, Gouda, Edamer, Emmentaler)

Arbeitszeit: 20 Min.
Garzeit: 10 Min.

1 Die Pfifferlinge putzen und klein schneiden. Die Zwiebel und die Knoblauchzehe schälen und fein würfeln. Den Schnittlauch waschen, trockenschwenken und in Röllchen schneiden. Den Backofen auf Grillstufe vorheizen.

2 Die Eier mit der Milch verquirlen. Mit Salz und Pfeffer würzen und den Schnittlauch einrühren. 2 TL Butter in der Pfanne heiß schäumend erhitzen und darin die Zwiebel- und Knoblauchwürfel andünsten.

3 Die Pfifferlinge einstreuen und so lange dünsten, bis der Pilzsaft aufgesogen ist. In der Zwischenzeit die Toastscheiben rösten, mit der restlichen Butter bestreichen und auf einen Teller legen.

4 Die Pfifferlinge mit der Eiermischung begießen, kurz stocken lassen und mit einem Holzspatel verrühren. Noch etwas »nass« auf den Toastscheiben verteilen und mit den Käsescheiben belegen. Im vorgeheizten Backofen (Mitte) kurz übergrillen.

Beilagetipp

Kopfsalat mit Jogurtdressing und ein kühles Bier.

Rohkostsalat mit Röstbrot

1 Den Sellerie schälen und in dünne Stifte schneiden. Den Apfel schälen, entkernen, passend zum Sellerie schneiden und beides mit etwas Orangensaft beträufeln.

2 Die Möhre schälen und in Stifte schneiden. Den Schnittlauch waschen, trockenschwenken und in Röllchen schneiden.

3 Die Mayonnaise mit dem Jogurt, dem restlichen Orangensaft und dem Schnittlauch verrühren. Mit Salz und Pfeffer abschmecken. Die Salatzutaten mit der Sauce und den Mandelstiften locker vermengen.

4 Die Butter in einer Pfanne heiß schäumend erhitzen und darin die Brotscheiben auf beiden Seiten knusprig braten. Mit Salz, Pfeffer und Paprika würzen. Zusammen mit dem Rohkostsalat genießen.

Beilagentipp

Verschiedene Käse und als Getränk Mineralwasser mit einem Spritzer Zitronensaft.

- 100 g Knollensellerie
- 1 großer Apfel
- Saft von ½ Orange
- 1 Möhre
- ½ Bund Schnittlauch
- 1 EL Mayonnaise
- 50 g Vollmilchjogurt
- Salz
- schwarzer Pfeffer
- 50 g Mandelstifte
- 1 EL Butter
- 2 Scheiben Bauernbrot
- 1 Msp. gem. Paprika

Arbeitszeit: 20 Min.

Einfach und raffiniert

Käsesalat mit Fleurons

2 Scheiben TK-Blätterteig
1 Eigelb
1 TL flüssige Butter
100 g Emmentaler
1 kleine Zwiebel
1 Gewürzgurke
50 g Salami
2 Zweige Dill
50 g Jogurt
1 EL Mayonnaise
etwas Zitronensaft
Salz
schwarzer Pfeffer

Arbeitszeit: 15 Min.
Garzeit: 15 Min.

1 Den Backofen auf 220 °C (Gas Stufe 4–5; Umluft 200 °C) vorheizen. Ein Backblech mit Backpapier auslegen. Aus den aufgetauten Blätterteigscheiben kleine Plätzchen ausstechen und auf das Backblech legen.

2 Das Eigelb mit der Butter verrühren und die Blätterteigplätzchen damit rundherum einstreichen. Im vorgeheizten Backofen (Mitte) in etwa 15 Minuten goldgelb und knusprig backen.

3 In der Zwischenzeit den Käse in dünne Streifen schneiden. Die Zwiebel schälen, halbieren und ebenfalls in Streifen schneiden.

4 Die Gewürzgurke und die Salami in Streifen schneiden. Den Dill waschen, trockenschwenken, von den Stielen zupfen und fein wiegen.

5 Den Jogurt und die Mayonnaise mit dem Zitronensaft sowie dem Dill verrühren. Mit Salz und Pfeffer abschmecken, dann mit den Salatzutaten locker vermengen. Dazu die knusprigen Fleurons genießen.

Tipp

Dieses Rezept ist noch schneller fertig, wenn Sie die Fleurons beim Bäcker kaufen und eine fertige Salatsauce verwenden.

Beilagentipp

Als Vorspeise ein paar Fleurons zu einem Glas Prosecco und als Nachspeise eine rote Grütze genießen.

Avocadocreme mit Jogurt

1 reife Avocado
1 TL Zitronensaft
50 g Vollmilchjogurt
Salz
schwarzer Pfeffer
1 Msp. Cayennepfeffer

Arbeitszeit: 15 Min.

1 Die Avocado schälen, längs halbieren, den Kern entfernen und das Fruchtfleisch in kleine Stücke schneiden.

2 Das Avocadofleisch mit dem Zitronensaft und dem Vollmilchjogurt vermengen und mit dem Stabmixer pürieren. Mit Salz, Pfeffer und Cayennepfeffer würzen.

Variante

Nach mexikanischer Art eine Guacamole zubereiten: Frische Chili-, Tomaten- und Zwiebelwürfel unter die Avocadocreme mengen. Mit gehacktem Koriandergrün oder Petersilie garnieren.

Beilagentipps

Tomatensalat und ein Glas trockener Weißwein. Zum Dippen einfach klasse: alle Brotsorten, Crackers, Grissini, Brezelstangen, Mais- oder Tacochips.

Jogurtcreme mit Gurke

1 Die Gurke und den Knoblauch schälen. Beides mit der Küchenreibe in eine Schüssel raffeln.

2 Die Kräuter, den Jogurt und den Quark dazurühren. Mit Salz und Pfeffer würzen. Die Jogurtcreme in eine Schale füllen und mit Oliven garnieren.

Tipps

Bei der Wahl des Jogurts an die Gesundheit denken, z.B. den Vollmilchjogurt LC 1 mit »gesunden Bakterien« kaufen. Angebrochene Lebensmittel wie die halbe Gurke am nächsten Tag in Scheiben auf ein Sandwich legen und dieses statt mit Butter mit Quark bestreichen.

Beilagentipp

Braten Sie dazu ein saftiges Steak. Vegetarier genießen dazu frisches Fladenbrot, Sesamkringel oder Walnussbrot.

½ Salatgurke
2 Knoblauchzehen
1 TL gemischte TK-Kräuter
150 g Vollmilchjogurt
50 g Quark
Salz
schwarzer Pfeffer
Außerdem
grüne und schwarze Oliven zum Garnieren

Arbeitszeit: 15 Min.

Süße Überraschungen

Wenn die Geschäfte geschlossen haben und die Lust auf etwas Süßes wächst, sind Rezepte gefragt, die im Handumdrehen fertig sind, auch wenn sie oft noch etwas ruhen, gelieren, gefrieren oder einfach erkalten müssen. Lassen Sie sich überraschen, welch herrliche Blitzdesserts man zaubern kann.

Rote Grütze mit Vanilleschaum

Für 1 große Portion
100 ml Johannisbeersaft
3 TL Zucker
1 TL Zitronensaft
200 g gemischte Beeren (TK-Ware, bestehend aus Johannis-, Erd- und Himbeeren)
1 EL Speisestärke
100 g Sahne
½ Pck. Vanillezucker
Außerdem
Puderzucker zum Bestäuben

Arbeitszeit: 10 Min.
Kühlzeit: 2 Stunden

1 In einem Topf den Johannisbeersaft mit dem Zucker und dem Zitronensaft aufkochen.

2 Die gefrorenen Beeren hinzufügen, aufkochen und nur 1 Minute ziehen lassen.

3 Die Speisestärke mit 2 EL warmem Wasser glatt rühren und in die Fruchtmischung rühren.

4 Den Topfinhalt in eine größere Portionsschale füllen. Die Oberfläche dick mit Puderzucker bestäuben. Im Kühlschrank erkalten lassen.

5 Kurz vor dem Servieren die Sahne mit dem Vanillezucker steif schlagen und zur Grütze genießen.

Tipp

Beim Gelieren der roten Grütze im Kühlschrank entsteht auf der Oberfläche oft ein unansehnlicher grauer Rand. Um dem vorzubeugen, streut man Puderzucker darüber.

Beilagentipp

Nach klassischer Art wird eine flüssige Vanillesauce dazu gereicht. Der Vanilleschaum ist allerdings schneller zubereitet.

Bild Seite 82

Gefrorener Kakaoschaum

1 Die Sahne zu steifem Schnee schlagen.

2 Das Eigelb und den Zucker schaumig rühren und das Kakaopulver unterrühren. Die geschlagene Sahne unterheben.

3 Die Masse in eine gefriergeeignete Portionsschale füllen und in das Tiefkühlfach stellen.

4 Die Schale aus dem Tiefkühlfach nehmen und 5 Minuten antauen lassen. Nach Belieben stürzen.

Variante

Der Aroma- oder Geschmacksträger ist bei diesem Rezept beliebig austauschbar. Statt des Kakaopulvers können Sie z.B. auch Zimt, geriebene Schokolade oder fein abgeriebene Zitronenschale verwenden.

- 150 g Sahne
- 1 Eigelb
- 50 Zucker
- 50 g Kakaopulver

Arbeitszeit: 5 Min.
Gefrierzeit: 2 Stunden

Bananenshake mit Schoko

1 Die Banane schälen und mit dem Zitronensaft zermusen. Mit der Milch, dem Kakaopulver und dem Honig im Küchenmixer oder mit einem Stabmixer aufschlagen.

2 Das Bananenshake in ein hohes Glas füllen und mit Schlagsahne sowie Schokostreuseln garnieren.

- 1 Banane
- 1 TL Zitronensaft
- 150 ml Milch
- 1 EL Kakaopulver
- 1 EL Honig
- Schlagsahne aus der Sprühdose
- 1 EL Schokostreusel

Arbeitszeit: 5 Min.

Überbackene Erdbeeren mit Prosecco

Für 2 Portionen
300 g Erdbeeren
2 EL Johannisbeerlikör
2 Eier, getrennt
100 ml Prosecco
1 Pck. Vanillezucker
Außerdem
Puderzucker und/oder Zimt zum Bestäuben

Arbeitszeit: 15 Min.
Backzeit: 8 Min.

1 Die Erdbeeren verlesen, dabei die Stielansätze entfernen, die Früchte waschen, trockentupfen und je nach Größe halbieren oder vierteln. Mit dem Johannisbeerlikör beträufeln.

2 Den Backofen auf 200 °C (Gas Stufe 3–4; Umluft 180 °C) vorheizen. In einem Topf Wasser aufkochen. Das Eiweiß zu steifem Schnee schlagen und kühl stellen.

3 Die Eigelbe in einer kleineren Metallschüssel mit dem Prosecco und dem Vanillezucker verquirlen. Dann die Schüssel in das Wasserbad stellen und die Masse in 3–5 Minuten zu einer luftigen Creme schlagen.

4 Die Schüssel aus dem Wasserbad nehmen und die Creme kurz kalt schlagen. Die Erdbeeren auf zwei tiefe, feuerfeste Teller verteilen und mit der Creme überziehen. Leicht mit Puderzucker und/oder Zimt bestäuben.

5 Die Erdbeeren im vorgeheizten Backofen (Mitte) in 5–8 Minuten überbacken. Sofort genießen.

Tipp

Bei Cremes, die über dem Wasserbad kurz aufgeschlagen werden, muss eine Mindestmenge angegeben werden, damit die »Masse« eine Chance hat, zur Creme zu avancieren. Haben Sie nicht Appetit für zwei, dann laden Sie doch einfach Ihre Nachbarin oder Ihren Nachbarn ein.

Beilagentipp

Natürlich den restlichen Prosecco dazu trinken.

Gebackene Nugatküsschen

Für etwa 30 Stück

- 3 Eier
- 150 g Zucker
- 80 g fein gem. Haselnüsse
- 40 g Mehl
- 100 g fertiges Nugat

Außerdem

- Backpapier für das Backblech
- Spritzbeutel mit Lochtülle
- Kakaopulver und Puderzucker zum Bestäuben

Arbeitszeit: 20 Min.
Backzeit: 10 Min.

1 Den Backofen auf 200 °C (Gas Stufe 3–4; Umluft 180 °C) vorheizen. Ein Backblech mit Backpapier auslegen. In einem Topf Wasser aufkochen.

2 In einer kleineren Metallschüssel die Eier mit dem Zucker verrühren. Dann die Schüssel in das Wasserbad stellen und sehr schnell rühren, bis eine cremige Substanz entstanden ist.

3 Die Schüssel herausnehmen und die Creme 2 Minuten kalt schlagen. Nun die Nüsse und das Mehl unterheben.

4 Den Teig in einen Spritzbeutel füllen und Plätzchen auf das Backblech setzen. Die Plätzchen im vorgeheizten Backofen (Mitte) gute 5 Minuten backen.

5 Das Nugat im Wasserbad leicht erwärmen. Die fertigen Küsschen aus dem Ofen nehmen und kurz abkühlen lassen.

6 Die Küsschen mit Nugat bestreichen und jeweils zwei zusammensetzen. Mit einer Mischung aus Puderzucker und Kakaopulver bestäuben.

Tipp

Bei diesem unkomplizierten Rezept müssen Sie kein Konditor sein. Nur das Rezept sollten Sie aufmerksam lesen, denn die Creme kann schnell zum Rührei werden, wenn das Wasserbad zu heiß gerät. Ein Wasserbad darf niemals sieden.

Reiche Ritter aus der Pfanne

1 Die Toastscheiben mit ein wenig Butter und Marmelade bestreichen und zusammendrücken.

2 Den Vanillezucker mit dem Ei und der Milch verrühren. In einer Pfanne die restliche Butter heiß schäumend erhitzen und darin den Zucker auflösen.

3 Das Brot durch die Eiermischung ziehen und in die Pfanne legen. Übrig gebliebene Eiermischung über das Brot in der Pfanne gießen. Bei milder Hitze auf beiden Seiten in 5–8 Minuten goldbraun braten.

4 Das Brot auf einem Teller anrichten und üppig mit Puderzucker und Zimt bestreuen.

Tipp

Ein schnelles Rezept auch für die süßesten Schleckermäuler, denn die Süße ist hier beliebig steigerungsfähig.

Beilagentipp

Dazu passen Kompotte, Apfelmus, gemischtes Eis und Fruchtsalate.

- 2 Toastscheiben
- 2 EL warme Butter
- 1 EL Kirschmarmelade
- 1 Pck. Vanillezucker
- 1 großes Ei
- 2 Portionsmilch (je 10 g)
- 1 TL Zucker (oder nach Belieben)

Außerdem

- Puderzucker und Zimt zum Bestäuben

Arbeitszeit: 5 Min.
Garzeit: 5 Min.

Für den Kaffeeklatsch oder den Vorrat

Gute-Laune-Kuchen mit Mohn

Für 1 Gugelhupfform von 22 cm Ø
100 g weiche Butter
100 g Zucker
4 Eier, getrennt
2 cl Rum
40 g Mehl
40 g Semmelbrösel
150 g gem. Mohn
Außerdem
Butter und Mehl für die Form
Puderzucker zum Bestäuben

Arbeitszeit: 10 Min.
Backzeit: 45 Min.

1 Den Backofen auf 180 °C (Gas Stufe 2–3; Umluft 160 °C) vorheizen. Eine Gugelhupfform mit Butter ausstreichen und mit Mehl bestäuben.

2 Die Butter mit 50 g Zucker, den Eigelben und dem Rum schaumig rühren. Das Mehl, die Semmelbrösel und den Mohn unterrühren.

3 Das Eiweiß mit dem restlichen Zucker zu steifem Schnee schlagen und unter die Mohnmasse heben. Den Teig in die Form füllen und die Oberfläche glatt streichen.

4 Den Kuchen im vorgeheizten Backofen (Mitte) in etwa 45 Minuten backen. Herausnehmen, in der Form 5 Minuten abkühlen lassen und dann erst stürzen. Den Kuchen mit Puderzucker bestäuben.

Tipp

In den Supermärkten werden regaleweise Fertigbackmischungen angeboten, die auf den ersten Blick eine reichliche Zeitersparnis versprechen. Ich verspreche Ihnen, dass unser Rezept da mithalten kann.

Birnen mit Preiselbeersahne und Schokosauce

200 g Sahne
1 EL Zucker
2 EL Preiselbeeren
50 g Vollmilch-schokolade
3 Birnenhälften aus dem Glas)
Außerdem
Puderzucker zum Bestäuben

Arbeitszeit: 10 Min.
Garzeit: 2 Min.

1 100 g Sahne mit dem Zucker steif schlagen und die Preiselbeeren vorsichtig unterheben.

2 Die Schokolade in feine Stücke brechen und zusammen mit der restlichen Sahne im Mikrowellenherd oder über dem Wasserbad schmelzen. Den Schmelzvorgang zwei- bis dreimal unterbrechen und umrühren. Über dem Wasserbad öfter umrühren.

3 Die Birnenhälften mit der Preiselbeersahne füllen und anrichten. Mit Schokosauce beträufeln und mit Puderzucker bestäuben.

Tipp

Mit ein paar Tricks hält dieses schnelle Dessert auch Gästen stand. Dazu die Garnitur erweitern, z.B. mit Schokospänen, Pistazien und Waffeln. Großzügig auf einem flachen, breiten Teller arrangieren und mit der Schokosauce ein Muster darüber träufeln.

Variante

Die Birnenhälften mit Preiselbeersahne ohne Zucker herstellen und zu einer gemischten Käseplatte servieren.

Löffelbiskuits mit Eierlikör

1 Den Eierlikör mit dem Zucker und dem Vanillezucker cremig rühren. Den Mascarpone unterziehen.

2 In einer geeigneten Form sechs Löffelbiskuits nebeneinander legen und mit der Hälfte des Espressos beträufeln. Darauf die Hälfte der Creme verstreichen.

3 Die restlichen Löffelbiskuits darauf legen, mit dem restlichen Espresso beträufeln und mit der restlichen Creme bestreichen.

4 Die Oberfläche dick mit Kakaopulver bestäuben. Die Form mit Klarsichtfolie abdecken und für etwa 2 Stunden in den Kühlschrank stellen.

Tipp

Dieses köstliche Dessert ist nicht wie das echte Tiramisu mit rohen Eiern, sondern mit Eierlikör zubereitet. Es eignet sich daher hervorragend für heiße Tage, wenn rohe Eier leicht verderben.

Getränketipp

Ein Gläschen italienischer Dessertwein wie Vin Santo oder Marsala.

Für 2 Portionen

10 cl Eierlikör
2 EL Zucker
1 Pck. Vanillezucker
100 g Mascarpone
12 Löffelbiskuits
100 ml kalter Espresso

Außerdem

Kakaopulver zum Bestäuben

Arbeitszeit: 15 Min.
Kühlzeit: 2 Stunden

Zeitregister für Eilige

Rezept- und Sachregister